税制はあなたが決めるもの

2‰にする消費税法改正案

元広島文化学園大学客員教授
税理士・世直シ作家　黒木貞彦

プラチナ出版

国民と免税事業者を守り抜くための本

　子どものころに、道で転んで、足をケガしたとき、子どもが泣くと、お母さんが「痛いの痛いの飛んでいけ〜！」と傷口を押さえてくれたら、子どもは泣きやんで、痛みを感じなくなるのか、ケロッと元に戻ります。「おまじない」「魔法の言葉」があるのです。

①消費税の「魔法の言葉」

　それは、「税の累積排除」と「税額控除」です。この言葉にふれると、魔法にかかり、誰でも抵抗できなくなります。

　税法学者も税理士も課税当局も、電源がOFFになり、思考停止となり、固まってしまい、奥に入ることができない聖域だったのです。

②魔法を解く「カギ」

　魔法を解く「カギ」は、消費税の課税時期にあったのです。

　国税通則法15条2項には、「物の引渡しの時に消費税は課税される」と定められています。買手が「消費税」を支払い、売手は「消費税」を預かるのです。

③「税額控除」は犯罪行為

　預かった消費税（売上税額）は公金であり、これから「仕入税額」を「税額控除」すれば、［返る税］となり「公金着服」として、犯罪行為になるのです。

　給与の源泉所得税から何らかの理由をつけて、控除をすることは犯罪行為になり、そのことは容易に理解できます。

　それと同様に犯罪行為になるのです。

i

④現行消費税法は廃止する

　なんと、事業者への［返る税］は約8％分130兆円もあり、事業者が着服（事業者は儲けているのです）しています。納税額は約2％分30兆円しかないのです。

　事業者は一銭も消費税を負担していないのです。

　消費者のみが10％の消費税を負担しています。

　あなたはこの現実に黙っておられますか？

⑤改正案

　筆者が提案する「2％の消費税」は、取引高税で「税額控除」はありません。

　2％を消費者が支払ったら、事業者は2％を納税する単純明快なシステムです。

　もちろん、インボイス制度は廃止です。

⑥「令和の百姓一揆」を始めよう

　現行消費税への信心は固く、改正へのハードルは高いので、国民運動から始めないと前進はありません。国民が税制改正の決定権を持っていますから、皆様の声を結集すれば、必ず改正は実現します。

　今日から改正に向けてスタートを切りましょう。

　終わりになりましたが、当社のスタッフの過部令子さんには、図表の作成に尽力をいただきました。また、筆者の手書きの原稿をワードに文字起こしをしていただいた方々には大変お世話になりました、この場を借りて厚くお礼申し上げます。

2024年6月15日

世直シ作家・税理士　黒木　貞彦

本書で用いる用語集

本 書 の 用 語	内　　容
売　上　税　額	課税売上に係る消費税額
仕　入　税　額	課税仕入に係る消費税額
税　額　控　除	前段階税額控除、仕入税額控除
売　　手	商品を販売する事業者
買　　手	商品を購入する消費者
［受　取　る　税］	売手が受取る消費税
［支　払　う　税］	買手が支払う消費税
［返　る　税］	事業者が税額控除で着服する消費税
［益　税］	免税事業者が納税すべき消費税相当額
公　　金	事業者が預かった消費税
着　　服	事業者が税額控除で横領する消費税
インボイス制度	適格請求書保存方式
登　録　制　度	適格請求書発行事業者登録制度
インボイス発行事業者	適格請求書発行事業者
イ　ン　ボ　イ　ス	適格請求書

iii

目　次

国民と免税事業者を守り抜くための本　*i*

第1編　「2％の消費税」に改正する

第1章　「改正案」と理論的背景

1　誰でも解る単純・明快な「改正案の内容」 ………… *4*

2　税率は2％（実際の納税額）に下げる ……………… *6*

3　すべての買手が「2％の消費税」を負担する ……… *8*

4　売手は「2％の消費税」をそのまま納税する ………*10*

5　納税額は「売上高」だけで計算できる ………………*12*

6　事業者は改正後に売値を算定し直すこと ……………*14*

7　輸出取引は非課税扱いに改正する …………………*16*

8　課税者は国に一本化してはどうか …………………*18*

9　（理論1）消費税の8割は事業者が着服 ……………*20*

10　（理論2）事業者の着服を除くことが狙い目 ………*22*

11　（理論3）「取引高税」に改正する時がきた …………*24*

12　（理論4）納税額は2割分（2％）しかない ………*26*

13　（理論5）10％から「2％の消費税」にする …………*28*

14　（理論6）2％で今の税収は確保できる ……………*30*

15　（理論7）「改正案」があれば比較ができる …………*32*

　　　コラム1　課税の対象及び輸入取引／*34*

第2章　消費税法から廃止する規定

16　基準期間の定めは不要になる ………………………*36*

17　免税事業者・簡易課税制度はなくする ……………*38*

18　インボイス制度は当然に廃止する …………………*40*

目　次

19　８％の軽減税率はなくす …………………………………… *42*

20　帳簿等の記載義務を軽減する ……………………………… *44*

21　消費税を少子化対策に使うのは止める ……………… *46*

　　　コラム２　国内取引／*48*

第3章　「２％の消費税」にするメリット

22　消費税が本来の間接税に戻る …………………………… *50*

23　５大［返る税］が完全になくなる …………………… *52*

24　小規模事業者も対等に仕事ができる ………………… *54*

25　消費者にとっては税率が２％に下がる ……………… *56*

26　売値が上がり実際のメリットは４％か？ ………… *58*

27　流通経路を短縮すれば売値は下がる ………………… *60*

28　物価高騰への最強の抑制対策になる ………………… *62*

29　事業者は事務負担が激減する …………………………… *64*

30　国家は税収が増える見込みである …………………… *66*

　　　コラム３　不課税取引／*68*

第4章　税制改正のあるべき姿

31　憲法は「国民主権主義」を定めている ……………… *70*

32　税制は国民が決めるもの ………………………………… *72*

33　「２％の消費税」を選ぶのは国民である ………… *74*

34　税制は毎年改正するものではない …………………… *76*

35　税制を政権・与党が決める権限はない ……………… *78*

36　税制を政策の道具にしてはならない ………………… *80*

37　国民の意思を伝える場が必要 ………………………… *82*

38　日本税制会議のシステムを構築する ………………… *84*

　　　コラム４　非課税取引（１）課税になじまないもの／*86*

v

第5章　改正への行動プラン

39　「2％の消費税」に賛同してもらう　……………………88

40　あなたの声で税制は変えられる　…………………………90

41　改正の輪を拡げてマスコミを動かそう　………………92

42　免税事業者はサバイバルをかけて闘おう　……………94

43　「2％の消費税」を政治家に信託する　………………96

44　消費税の改正を次の衆議院選挙の争点に　……………98

45　能登半島被災支援「2％の消費税」を導入　………100

　　コラム5　非課税取引（2）社会政策的配慮によるもの／102

第2編　現行の消費税法は廃止する

第6章　消費税法の破綻原因と維持された理由

46　（原因1）夢の算式「納税額の合計＝負担額」……106

47　（原因2）税の累積排除がドロ沼化の元凶　………108

48　（原因3）「税額控除」は犯罪行為である　…………110

49　（原因4）誤っていた「世界の付加価値税」………112

50　（維持1）政治家へ信託するべき知見がない　……114

51　（維持2）財界人は多額の［返る税］で沈黙　……116

52　（責任1）日本税政連・幹事長のご提案　…………118

53　（責任2）怠慢でやり過ごした税理士の責任　……120

54　（結果1）消費者は騙され続けて35年　……………122

55　（結果2）付加価値税を見限る時が来た　…………124

　　コラム6　輸出免税等／126

目　次

第7章　事業者には130兆円もの［返る税］がある

56 お寿司屋に支払った消費税がおかしい …………… *128*

57 スマホを買った時の消費税がおかしい …………… *130*

58 自動車を買った時の消費税がおかしい …………… *132*

59 事業者は［返る税］で消費税を負担しない ……… *134*

60 ［返る税］の負担者は研究中 …………………… *136*

61 日本全体の課税売上の推計と税収の構成割合 …… *138*

62 事業者に総額130兆円もの［返る税］がある …… *140*

63 （返る1）輸出業者の［返る税］………………… *142*

64 （返る2）売上原価の［返る税］………………… *144*

65 （返る3）経費・設備投資の［返る税］………… *146*

66 （返る4）設備投資の大型［返る税］…………… *148*

67 （返る5）簡易課税制度の［返る税］…………… *150*

68 ［返る税］の仕組みは膨大な事務負担 …………… *152*

69 免税事業者に2兆円の［益税］がある …………… *154*

70 免税事業者がいると売値が高くなる ……………… *156*

　　　コラム7　納税義務者・課税時期／*158*

第8章　インボイスと免税事業者への対応

71 インボイスで「良くなるものは何もない」……… *160*

72 インボイスの導入目的は免税事業者の排除 ……… *162*

73 免税事業者は課税事業者になって登録する ……… *164*

74 免税事業者が登録すると20％の特例がある ……… *166*

75 買手には80％・50％控除の経過措置がある ……… *168*

76 513万の免税事業者は全員が登録しない ………… *170*

77 免税事業者は値下げか廃業せざるを得ない ……… *172*

78 税制が職業選択の自由を奪っていいのか ………… *174*

79 こうして6年後には免税事業者は抹殺される …… *176*

vii

コラム8　課税期間・納税地・課税標準／178

第9章　インボイス廃止のメリット

80　何よりも小規模事業者が生き残れる ················ *180*

81　インボイス制度の犯罪行為の助長を解消 ··········· *182*

82　インボイスによる厖大な事務負担がゼロ ··········· *184*

83　日常の経理処理が簡素になる ······················ *186*

84　帳簿やインボイスのゴミの山がなくなる ··········· *188*

85　優遇措置が切れるまでに改正しよう ················ *190*

コラム9　対価の返還等の消費税額の控除・貸倒れに係る
消費税額の控除等・申告・納付等／*192*

索引········*193*

参考文献········*196*

あとがき········*199*

第1編 「2％の消費税」に改正する

　本書の発刊によって、現行消費税法は確実に廃止されます。

　それは、第2編に述べるとおり、現行消費税法には、**システムに欠陥**があり、それが究明され、今回公表されるからです。

　そこで、この第1編では、日本初の「**消費税法改正案**」を提案いたします。

①第1章では、「改正案」

　前半に、改正案「**2％の消費税**」を説明しています。すべての事業者は、2％の消費税を受取り、その2％をそのまま、納税するシステムです。税額控除は一切ありません

　後半では、改正案の理論的背景を述べています。

　買手が支払った10％の消費税のうち、実際の納税額は2％分しかありません。2％の税率で消費税の税収が確保できますから、改正案では税率を2％にしました。

　8％分は事業者が［返る税］として、公金を着服しているのです。

　消費税収から8％をカットし、事業者への［返る税］を8％をカットして、できあがったのが「2％の消費税」の改正案です。

②第2章では、「廃止する規定」

　現行の消費税法から廃止する規定をピックアップしています。

　全事業者が2％の消費税を納税しますから、**免税事業者**はいなくなります。そのために**基準期間**の定めが不要になります。

　「税額控除」はしませんから、インボイス制度は全面廃止になります。**簡易課税制度**もなくします。

　8％の軽減税率も2％になりますから、すべてが2％の単一課

税になります。

③第3章では、「改正のメリット」

事業者が着服している、5大［返る税］がすべてなくなり、**犯罪行為**が解消されます。

小規模事業者もインボイス制度からの迫害から逃れることができて、**課税事業者**と対等に仕事ができるようになります。

消費者にとっては、消費税率が10％から2％に下がるメリットがあります。

ただ、事業者のほうは「税額控除」がなくなるので、「仕入税額」分のコストが増えますから、その分の値上げがあります。そのため消費者としては実質的に4％の値下げになるでしょう。

インボイス廃止に伴い事業者の事務負担が激減します。

④第4章では、「税制改正の主役」

税制改正は国民に決定権がありますから、あなたの力で税制が変えられることを述べています。

⑤第5章では、「改正へのアクション」

まず「2％の消費税」の改正案に賛同していただければ、改正への行動を起こしてください。

税制改正の国民運動として「**令和の百姓一揆**」を起こしましょう。

ラジオ。テレビ、新聞、マスコミを巻き込みますと、政治家も改正に動かざるを得ないでしょう。

次期**衆議院選挙の争点**として「2％の消費税」が取り上げられれば、最も早く「改正が実現」します。

第1章　「改正案」と理論的背景

①いきなり「改正案」を提示

　筆者が提案する新しい消費税は「2％の消費税」です。税率を2％に引き下げて、買手が2％の消費税を支払って、売手は受け取った2％の消費税をそのまま納税する仕組みです。

　課税の対象となるのは売上高です。

　年間の売上高を把握するだけで、それに2％をかければ、消費税の納税額が計算できます。

　すべての事業者が、**課税事業者**になるため、**免税事業者**はいなくなります。

②納税額は2％分しかない

　現行の消費税は「**付加価値税**」と呼ばれるもので、「売上税額」－「仕入税額」＝「納税額」が計算されます。

　問題は「仕入税額」ですが、これには、仕入、経費、設備投資の消費税が含まれています。これを「売上税額」から差し引くのですが、これを「税額控除」と呼んでいます。

　実はこの「税額控除」が8％分もあるので、税率を2％にしても、税収は確保できるのです。

③8％分は事業者が着服

　「税額控除」によって、事業者は消費税分を［返る税］として着服し、事業者は消費税を一銭も負担していないのです。

第1編 「2％の消費税」に改正する

誰でもわかる単純・明快な「改正案の内容」

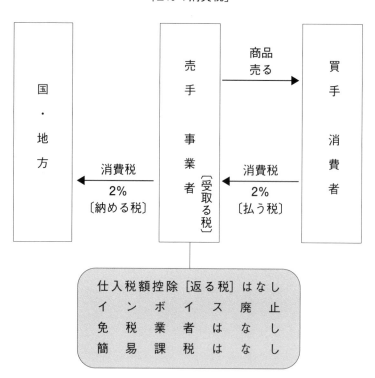

第1章 「改正案」と理論的背景

どのようにまとめれば読者の皆様にご理解いただけるか、悩みながら42回も目次を見返しました。最後になって、第1章をやり直しました。「改正案」をいきなり頭に出すことにして「いきなり、本論」に入ります。

買手は２％の消費税を払う

買手は商品の引き渡しを受けた時、あるいはサービスの提供を完了した時に、消費税の課税が行われます（コラム７）。

この点が重要なポイントです。**国税通則法**15条２項では、「**納税義務**は、次の各号に掲げる国税については、当該各号に定める時に成立する」とされ、７号に「消費税等、課税資産の譲渡若しくは特定課税仕入れをした時、又は課税物件の製造場からの移出若しくは**保税地域**からの引取の時」とされています。

買手は商品の引渡を受けた時に納税義務が成立するので、２％の消費税を売手に預けるのです。

売手は預かった消費税を納税する

売手は預かった消費税をそのまま国に納税するシステムです。

もちろん、預かった消費税をその都度納税するものではありません。売手の事業者の事業年度に従って、申告し納税します。

要は、現行の消費税のように「税額控除」をして、減額した残高を納税するものでないことをご理解ください。

この「税額控除」は、預かった消費税は、国の財産なのですが、その国の財産を減額することは、他人の財産の着服と考えられます。

税の累積排除とウソぶいて、累積しないものまで税額控除をさせて［返る税］を多額に生じさせています。詳細は第７章を参照ください。

２％を受け取って２％を納税することが正解なのです。

素晴らしい消費税が誕生する

「税額控除はなし」「インボイスは廃止」「免税事業者もなし」「簡易課税制度もなし」になり、スッキリします。

第1編 「2％の消費税」に改正する

2 税率は2％（実際の納税額）に下げる

現行の　10％消費税率
　　　　8％消費税率

2％の消費税率

食品8％も含めて2％に下げる

現行の消費税の標準税率

2019（令和元）年10月1日以降の**標準税率**は次のとおりです。

消費税率7.8％＋地方消費税率2.2％＝合計10.0％

8項で課税権者を国に一本化する提案をしています。

この標準税率を2％に引き下げますから、国と地方に分けなくて、一本化したほうが良いと考えます。国から地方へ地方交付税で渡せば済むことで、納税者が区分する必要性はありません。税制は簡素にするべきです。

めんどうな軽減税率

2019年（令和元）年10月1日以降の**軽減税率**は次のとおりです。

消費税率6.24％＋地方消費税率1.76％＝合計8.0％

この軽減税率の対象品目は次のアとイです。

ア、飲食料品（酒類、外食を除く）

イ、週2回以上発行される新聞（定期購読契約にもとづくもの）

以上のように酒類と外食は10％の課税になります。軽減税率については、19項も参照してください。この軽減税率も2％に引き下げます。

2％で税収が確保できるか

現行の消費税は「売上税額」から「仕入税額」を「税額控除」して「納税額」を計算する仕組みになっています。

事業者が販売した時に受取る「売上税額」は消費税の10％です。実は、この10％のうち、8割分（8％分）は事業者が「仕入税額」として「税額控除」を受けた［返る税］なのです。その結果、残りの2割分（2％分）のみが、消費税の納税額になっているのです（10）。

これを日本全体の金額ベースに置き換えますと、課税売上高1,600兆円×10％＝税収160兆円になります。このうち、8％130兆円を事業者が着服し、2％分30兆円が納税されています（9）。

このように、課税売上高の2％しか納税されていませんから、2％の税率で、税収は確保できるのです（12・13・14）。

第1編 「2％の消費税」に改正する

3 すべての買手が「2％の消費税」を負担する

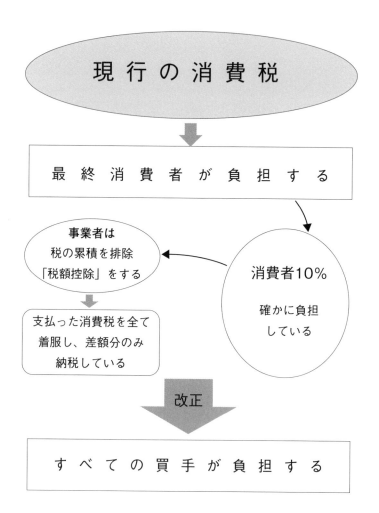

現行の消費税は**最終消費者**が負担するものとして設計されています。

最終消費者とは購入したものを転売しないで消費する人のことです。そうしますと、一般の消費者と事業者としての消費者が含まれることになります。

事業者の場合も、いろいろな経費の支払いは転売することはできず、最終消費者としての支払いになります。

また、設備投資の支払いも、最終消費者としての支払いです。

現行の消費税は消費者のみが負担

私ども消費者は買い物をすると、売手から当然のように10％の消費税を請求され、購入代金と共に支払いをしています。

実は10％の消費税を負担しているのは消費者だけなのです。

事業者は消費税を負担していない

事業者は「税額控除」をするために、実質的に消費税を負担していないのです。

たとえば事業者がボールペン1,000円を文房具屋で買うと、100円の消費税と共に1,100円を支払います。インボイスの領収証を持ち帰ります。この光景を見ると事業者は100円を負担したように見えます。

ところが、消費税の申告に当たっては、その事業者の売上の消費税から、仕入の消費税を差し引いて、その差額だけを納税しているのです。

「仕入税額」には仕入だけでなく、経費・設備投資の消費税も含まれており、このボールペンの100円も入っています。

結果として、ボールペンの消費税は負担していないのです。

すべての買手が消費税を払うべき

こんな不公平な税制は許されません。

「２％の消費税」では、すべての買手が２％の消費税を負担するようにします。

事業者も２％の消費税を負担するのです。

第1編 「2％の消費税」に改正する

売手は「2％の消費税」を そのまま納税する

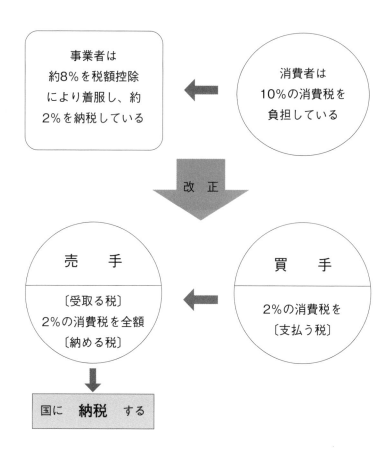

第1章 「改正案」と理論的背景

売手は10%を受け取り、2％しか納税していない

この点は12項で検討しています。

12項は、上半分で売上高と仕入高の消費税の納税額を計算しています。

4事業者の「売上税額」の合計は24,000円。「仕入税額」の合計は14,000円でその差額は10,000円となり、これが消費者が支払った消費税と一致し、あたかも正しいと自慢しています。

ここまでは「仕入税額」の控除をする正当性があるのですが、問題はこの続きがあって、**破綻**するのです。

これ以下は重複しますので12項を参照してください。

要は、仕入・経費・設備投資の税額控除をして、結果として2％程度しか納税をしていないのです。

［益税］どころか［返る税］がある

免税事業者が10%の消費税を受け取っても納税が免除されているため、受け取った消費税分が、これまでは［益税］になるといわれています。

免税事業者は、実際は材料費、燃料費、仕入れ、経費にかかる消費税を負担していますから、まるまる10%をトクしているわけではありません。

この［益税］は売上高が1,000万円以下の事業者のものですから、みなし仕入率が60％とすると、約2兆円の税収減と見込まれます（69）。

世間では免税事業者の［**益税**］を問題視していますが、それどころかケタ違いの金額で、第7章で述べています［返る税］が130兆円も税収減になっています（62）。

［益税］という穏やかな表現では、だれも振りむいてもらえませんから、［返る税］と呼んで、注目してもらいたいのです。

2％を受け取ったらそのまま納税する

買手から預かった国の税金（公金）はそのまま納税しないと法律違反になります。

11

第1編 「2％の消費税」に改正する

5　納税額は「売上高」だけで計算できる

　課税標準とは、税額計算の基礎となる金額のことをいいます。この合計額（課税標準額といいます。）に税率を掛けて課税売上げに係る消費税額を算出します。
　消費税の課税標準は、課税対象となる取引の区分に応じ、次のようになります。

	課税標準
国内取引	課税資産の譲渡等の対価の額 （消費税額及び地方消費税額を含まないが、個別消費税の額を含む。）
輸入取引	課税対象となる外国貨物の引取価格 ＝ 関税課税価格（C.I.F） ＋ 個別消費税額 ＋ 関税額

　国内取引における「課税資産の譲渡等の対価の額」とは、対価として収受する又は収受すべき一切の金銭及び金銭以外の物、若しくは権利その他経済的な利益の額をいいます。一般的には当事者間で授受することとした対価の額が、課税標準になります。

> **ポイント**　◎課税標準には対価として得たもの全てが含まれます。

出所：国税庁HP「消費税のあらまし」27頁

現行の「課税売上高」を採用

図表の上のとおり、課税標準とは、税額計算の基礎となる金額のことをいいます。

この合計額（課税標準額）に税率をかけて、消費税額を算出します。左では「課税売上げに係る消費税額（売上税額）を算出します。」とされていますが、「２％の消費税」では税額控除をしませんから、この「売上税額」が消費税の納税額になります。

国内取引と輸入取引

国内取引は次の４つの条件をすべて満たす取引とされています。

　ア、国内で行うものであること

　イ、事業者が事業として行うものであること

　ウ、対価を得て行うものであること

　エ、資産の譲渡、資産の貸付又はサービスの提供であること

国内取引の「課税資産の譲渡の対価の額」とは、対価として収受する又は収受すべき一切の金銭及び金銭以外の物、若しくは権利その他経済的利益の額をいいます。一般的には、当事者間で授受する対価の額が課税標準になります。

輸入取引は保税地から外国貨物を引取ることで、消費税の課税対象になります。

課税標準は左の表のとおりです。

売上高のみで消費税が計算できる

以上のように難しく書きましたが、日常の売上高を決算時に集計したものです。

決算書の売上高の数字です。

これだけで２％の消費税は計算ができます。

年間の売上高×２％ですから、誰でも計算ができます。

単純で明快な計算システムです。

第1編 「2％の消費税」に改正する

6 事業者は改正後に売値を算定し直すこと

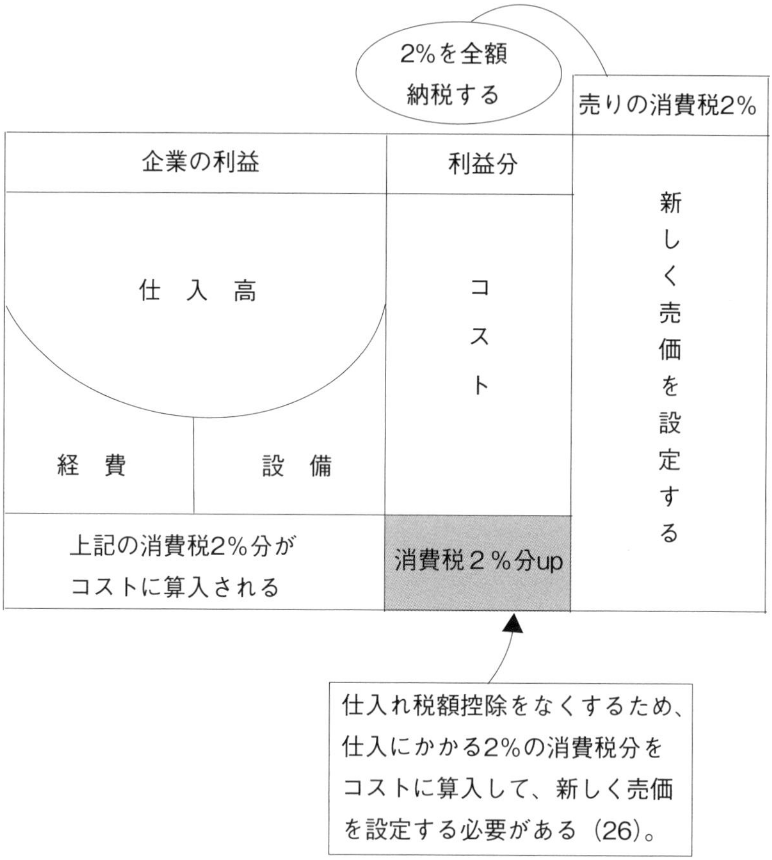

2％を全額
納税する

売りの消費税2％

企業の利益	利益分	新しく売価を設定する
仕　入　高	コスト	
経　費　　　　設　備		
上記の消費税2％分がコストに算入される	消費税2％分up	

仕入れ税額控除をなくするため、仕入にかかる2％の消費税分をコストに算入して、新しく売価を設定する必要がある（26）。

14

第1章 「改正案」と理論的背景

　これまでは仕入、経費、設備にかかった「仕入税額」は、「売上税額」から税務控除ができたので、「仕入税額」は事業者の負担にはなりませんでした。

購入先に支払った消費税がコスト増になる

　「２％の消費税」に改正しますと、「仕入税額」は控除しません。

　これまでどおりの販売価格で商いを続けるとどうなるでしょうか？

　１カ月分の売上高（本体価格）を100万円とします。

　２％の消費税を買手から２万円受け取り、そのまま２万円を納税します。

　すると仕入、経費、設備の合計を60万円としますと、これに２％の消費税がかかっていますから12,000円ほどコストが増加します。この12,000円分は事業者の利益を減少させてしまいます。

販売価格の改定が必要

　左の図は企業の利益をこれまでどおり確保するための図表です。

　仕入、経費、設備の下に「上記の消費税２％分がコストに算入される」と表示しています。先の60万円×0.02＝12,000円がコスト増になるのです。その分について販売価格をUPさせれば、企業の利益はこれまでどおり計上ができます（26）。

どれだけUPするか

　業種によって大きく異なります。

　簡易課税制度の「みなし仕入れ率」（67）を参考にしますと、次のようになります。

　　　卸売業　　100万円×0.9×0.02÷100万円＝1.8％

　　　小売業　　100万円×0.8×0.02÷100万円＝1.6％

　　　製造業　　100万円×0.7×0.02÷100万円＝1.4％

　　　飲食業　　100万円×0.6×0.02÷100万円＝1.2％

　各事業者で実際の仕入率を計算して、**販売価格の見直しをして**ください。

15

第1編 「2％の消費税」に改正する

輸出取引は非課税扱いに改正する

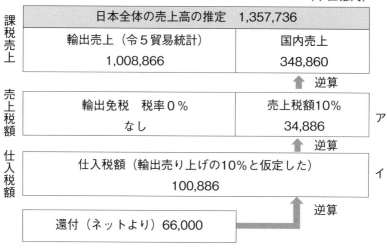

本書の輸出取引に関しては次の掲載があります。7項、23項、30項、63項、本項では非課税扱いとすることを述べています。

現行の消費税の取扱い

現行の消費税では輸出売上は**輸出免税**（コラム6）として、消費税を0％として課税しています。これは、非課税ではありませんから、「税額控除」が可能となり、還付金［返る税］が6.6兆円生じています。

左の図表の上から3番目の枠の「仕入税額」を計算するデータがありませんでした。

輸出業者では、輸出売上ばかりでなく国内売上があるはずですが、63項に示すとおり、企業によって「**輸出割合**」はまちまちです。

筆者としては輸出売上の10％と何の根拠もない仮定をして上に逆算をしました。その結果、「輸出割合」は74.31％になりました。

輸出取引は非課税扱いとする

「2％の消費税」に改正しますと、「税額控除」をする考えはありませんから、**輸出取引**は非課税扱いとなります。

そのため、「税額控除」がないので［返る税］は完全になくなります。［返る税］は何の根拠もない還付金ですから、なくなって当然なのです。

どれだけ増税になるのでしょうか

まず国内売上分は5％（仮定）の値上げ分を含めて、2％の消費税で7,326億円の増税になります。

もう一つ輸出取引は5％（仮定）の値上げ分を含めて、売上高は105兆9,309億円が非課税扱いとなります。

この製造業としてみなし仕入れ率を70％としますと、74兆1,516億円の2％の消費税1兆4,830億円が「仕入税額」相当分になりますが、これは増税になるのでしょうか？　検討中です。30項では増税に入れています。

第1編 「2％の消費税」に改正する

8 課税者は国に一本化してはどうか

	〜平成26年 3月31日	平成26年 4月1日〜	令和元年 〜9月	令和元年 10月〜	令和2年4月1日〜
消費税＋地方消費税	5%	8%			10%（軽減税率時 8%）
消費税	4%	6.3%			7.8%（軽減税率時 6.24%）
うち交付税分	1.18%（法定率29.5%）	1.40%（法定率22.3%）		1.47%（法定率20.8%）	1.52%（法定率19.5%）
地方消費税	1%	1.7%〈うち0.7%分は社会保障財源〉			2.2%（軽減税率時1.76%）〈うち1.2%分は社会保障財源〉
地方分合計	2.18%	3.10%			3.72%

出所：総務省HP地方消費税

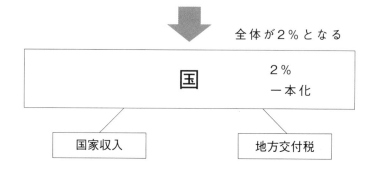

全体が2％となる

国　　2％一本化

国家収入　　地方交付税

18

第1章 「改正案」と理論的背景

　国と地方と両者が課税権者となり申告書にも区分して記載するようになっています。

　消費税と**地方消費税**を合わせて10％や８％が定められています。

　消費者や事業者からみると、合計の税率を越えなければ問題がないわけですから、国と地方がいくら財政収入を配分するかには関心がありません。

　どうせ不足する場合は、財務省と総務省がやりとりするはずですから、適当に配分すれば良いと考えます。

税率区分がわずらわしい

　左の図表のとおり、国と地方で単に税率を区分しているだけで、消費者や事業者としては、いずれにしても納税するものですから、その区分は関係がありません。

　前述のように、財政収入の配分の問題ですから、国が全額収入し、地方交付税で調整を図れば済む話です。

　一般国民も巻き込むような話ではなく、国と地方とのやり取りで済ませるべき問題です。

国からの交付税がある

　国と地方との財政支出の区分も適切なのかどうか、国民には判断できませんから、いわんや財政収入がいくらなら妥当なのかの判断もできるわけがありません。

　この度「２％の消費税」に改正されると、２％を国と地方に配分するとなると単位が小さすぎます。

国に一本化すべき

　国に課税権者を一本化し、地方消費税は廃止し、事務の簡素化、合理化を図るべきです。

　官公庁のやる仕事も多方面に分散するのではなく、事務の縮小を図り、統合を図り、経費節減に努めるべきです。

19

第1編 「2％の消費税」に改正する

（理論1）消費税の8割は事業者が着服

本来の税収

消費税の税収
推定約160兆円
　　　買手　　　売手
消費者10%　[払う税]　[受取税]
事業者10%　[払う税]　[受取税]
事業者は買手から預かった税金である

事業者が8割着服

事業者が8％分着服	納税2％分
事業者は約130兆円分着服 消費税を負担していない	約30兆円分
筆者は[返る税]と命名した	国と地方収入

違法性があると考えられる

事業者が預かった消費税は公金である

[返る税]は事業者が公金を着服したものに該当すると、筆者は考える。

納税された税金は税収の2割しかない

20

ここでは、現行消費税の実態を推計の金額と共にお伝えします。

左の図表の上の半円形は「本来の税収」を示しています。この数字は61項に掲載しているものを用いています。令和6年税収予算の約30兆円から、筆者が「日本全体の課税売上高」を推定計算したものです。

これによりますと、1,597兆円となり消費税率10％ですから、税収は約160兆円になるのです。

[返る税] とは何か

事業者が消費税の納税額を計算する方法は「売上税額」から「仕入税額」を控除することになっています。

この「仕入税額」を控除する理由は「税の累積を排除するため」と説明されていますが、税の累積は売上原価だけであり、経費や設備投資の消費税は累積しないのです（47）。

つまり、ごまかされて、「仕入税額」を控除していますが、その結果、この「控除額は約160兆円－納税額約30兆円＝130兆円」にも達するのです。これを［益税］とするにはあまりに巨額ですから、筆者はこれを［返る税］と命名しました。

いずれにしても130兆円を事業者が「着服」しているのです。

筆者としては「公金着服」と呼びます

この［返る税］は、消費者から預かった税金（公金）から、勝手な理由をつけて、売手が税額控除をすることですが、こんなことは許されません。筆者は「**公金着服**」と呼びます。

源泉徴収税額の預かり金から適当な控除が許されないと同様に、この控除は違法性があると考えます。

納税額は税収の約20％約30兆円

左の図表に示すとおり、納税額は約30兆円しかありません。

これだけで、消費税は破綻していると思われませんか。

上記の詳細は後述しております。

10 (理論2) 事業者の着服を除くことが狙い目

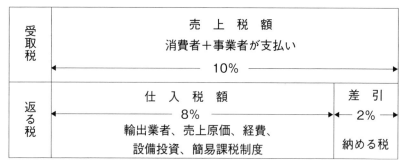

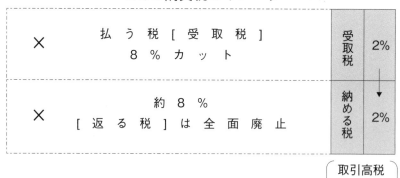

［返る税］を除くことが狙い目です

本書は、「2％の消費税」にする改正案を提案しております。この改正案の狙い目は前項で述べた事業者が「**着服**」している［返る税］を除くことなのです。

消費者のみが10％の消費税を負担し、事業者は消費税を負担せず130兆円もの［返る税］を着服しています。税収の80％にものぼります。

税率を「2％」に下げず、現行の「10％」のままで［返る税］をなしにすれば、130兆円の税収増になり、財政健全化になります。これも選択肢の一つになりますが、それは余談としておいて、本書の「2％の消費税」への改正を目指します。

現行消費税のイメージ

左の上の表です。9項をさらに詳しく表示しています。

消費者は10％の消費税を支払います。

事業者も、購入時には10％の消費税を支払いますが、申告に当たり、「仕入税額」の控除を受けて、消費税を負担しないで、8％分の［返る税］を着服するのです。

その結果［納める税］は約2％分しかありません。

この現行の消費税は「付加価値税」と呼ばれています。

「2％の消費税」のイメージ

下の表の点線部分を取除く「改正案」の提案です。

それは「受取税」を8％カットし、［返る税］を全面廃止して8％カットするものです。

残るのは右側だけになり、税率が2％に下がり、［受取税］が2％で、それをそのまんま（税額控除をしないで）2％を［納める税］とするだけなのです。

この改正の消費税は「**取引高税**」と呼ばれるシステムです。

次項に説明します。

第1編 「2％の消費税」に改正する

11 （理論３）「取引高税」に改正するときがきた

＝ 多段階一般消費税には２種類ある ＝

＝ ［返る税］はなくする ＝

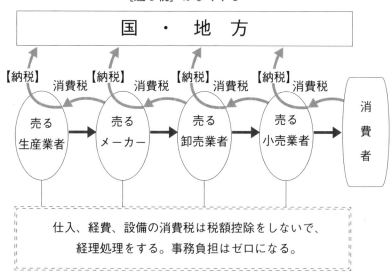

一般消費税は２種類ある

左の図表の上に「多段階一般消費税」の区分を載せています。

「多段階」とは流通経路のすべての段階の事業者という意味です。「一般消費税」とは広くすべての関係者に課税するものです。

実はこれには２種類あって、下の「**付加価値税**」が現行の消費税です。つまり、消費税の累積を排除するために、「**前段階税額控除**」を行うものです。

もう一つ「**取引高税**」という仕組みがあります。

これは、消費税の累積を納税者が許容するもので、「前段階税額控除」を行わない方式です。

「付加価値税」は失敗に終わった

本書の第２編の「現行の消費税法は廃止する」に詳述しておりますが、現行の「付加価値税」は完全に破綻しております。

第６章に「破綻の原因」を、第７章に「事業者に多額の［返る税］が生じている」ことを述べております。

「取引高税」に改正する

「付加価値税」を、「弟」としますと、「兄」の「取引高税」に改正するものです。

左の図表のとおり、各事業者は、買手が支払った消費税をそのまま納税します。前段階の税額控除はしない方式です。仕入（売上原価）、経費、設備投資にかかる「仕入税額」は全く控除しないものです。これによって、インボイス制度も当然不要となり、事業者の事務負担はゼロになります。

これまでの「仕入税額」分はコストとして増加することになりますから、事業者は「仕入税額」分を売値に加算する必要があります（6）。

売値を値上げしなければ、その分コストが増えて、利益の減少となります。

第1編 「2％の消費税」に改正する

12 （理論4） 納税額は2割分（2％）しかない

区　分	原材料 製造業者 （生産業者）	完成品 製造業者 （メーカー）	卸売業者	小売業者	計
売上	20,000	50,000	70,000	100,000	240,000
消費税	① 2,000	② 5,000	③ 7,000	④ 10,000	24,000
仕入	－	20,000	50,000	70,000	140,000
消費税	－	① ▲2,000	② ▲5,000	③ ▲7,000	▲14,000
消費税	A 2,000	②－① B 3,000	③－② C 2,000	④－③ D 3,000	10,000
みなし仕入 －仕入れ分 ＝経費 ×10%	（70%） 14,000 － ⑤ ▲1,400	（70%） 35,000 △20,000 ⑥ ▲1,500	（90%） 63,000 △50,000 ⑦ ▲1,300	（80%） 80,000 △70,000 ⑧ ▲1,000	▲5,200
実質的 納付額	A－⑤ 600	B－⑥ 1,500	C－⑦ 700	D－⑧ 2,000	4,800
消費税率 納付/売上	3%	3%	1%	2%	2%

各事業者が[課税売上×みなし仕入率－仕入高＝経費]を計算した。

経費分の消費税合計5,200円を控除した実質的納付税額の合計は4,800円となる。

消費税率は上記のとおり。

その中に免税事業者がいれば、納税されないことになる。

26

事業者は消費税を負担していない

　左の図表の上半分は国税庁ホームページの「消費税のあらまし」1ページに掲載されているものです。

　事業者は「売上税額」−「仕入税額」を納税しますから、結果として消費税を負担していないのです。

　この負担していない「仕入税額」分は［返る税］となって事業者が着服しています（62）。

納税額の計算

　上半分のA、B、C、Dは売上から売上原価を差し引いた消費税額です。この合計10,000円は消費者が支払った消費税額10,000円と一致します。自慢げに前記ホームページで強調されています。

　しかし、この続きがあるのです。

　仕入以外にも、経費・設備の消費税を正当な理由もなく、「税額控除」をしているのです。

　その計算を下半分にしています。

　「みなし仕入率」を使って、売上にかけて、それから仕入を差し引いて、経費と設備分を計算し、その10％の消費税を計算しました。

　⑤、⑥、⑦、⑧の経費・設備の消費税の合計は5,200円になります。

　消費税は、売上24,000円−仕入14,000円−経費・設備5,200円＝4,800円の納税額合計になります。

　この商いの総売上高は240,000円ですから、税率は2％になるのです。

納税額は2％程度

　上記の計算は与えられた要件で計算しております。

　問題があるとすれば、簡易課税制度による「みなし仕入率」を採用している点です（67）。

　筆者も、数字が合うので驚きました。

　実質の納税額は2％程度なのです。

第1編 「2％の消費税」に改正する

13 （理論5） 10%から「2％の消費税」にする

（1）10%の消費税

（単位円）

10% 方式		原材料 製造業者 （生産業者）	完成品 製造業者 （メーカー）	卸売業者	小売業者	計
	売上	20,000	50,000	70,000	100,000	－
	みなし仕入率 仕入・経費	70% △14,000	70% △35,000	90% △63,000	80% △80,000	－ －
	差引	6,000	15,000	7,000	20,000	－
ア	消費税 10%納税	600	1,500	700	2,000	4,800

（2）2%の消費税

（単位円）

	売上	20,000	50,000	70,000	100,000	計
イ	消費税 2%納税	400	1,000	1,400	2,000	4,800

上記アは4項の表の売上からみなし仕入率による仕入・経費を控除した差額に10%の消費税を計算した。その納税額の合計は4,800円である（4）。
上記イは2％の消費税を預かり、そのまま納税した合計は4,800円。
[返る税]がなければ2％でも同じ税収が得られる。

第1章　「改正案」と理論的背景

付加価値税10％で計算

　左の図表（1）の上半分は、現行の付加価値税10％の納税額を計算しました。

　これは前12項の計算と同じ計算結果のものです。

　12項では国税庁ホームページとそろえるため、仕入れと経費・設備を区分して計算しましたが、この13項では「みなし仕入率」によって「仕入・経費・設備」を一括で表示しています。

　12項の計算結果は各事業者によって実質的な消費税率は12項の表の一番下し示すとおり、3％、3％、1％、2％と異なっています。トータルの納税額では240,000円の売上に対し、4,800円と2％の税率になっています。

「取引高税」2％で計算

　左の下半分（2）は2％の「取引高税」で消費税額を計算したものです。

　「取引高税」は、課税売上高に2％をかけるだけで消費税が計算されます。

　他の税額控除はありませんから、めんどうな差引計算は不要になります。

　各事業者が預かった2％の消費税をそのまま納税しますから、400円＋1,000円＋1,400円＋2,000円＝4,800円が納税額の合計になります。

単純・明快な「取引高税」にすべきである

　（1）の付加価値税10％と（2）の取引高税2％の納税額は同じ4,800円となりました。

　どちらも同じ税収が得られるなら、シンプルな税制である「取引高税」を選択すべきです。付加価値税は複雑で、特にインボイスの事務負担は過大で困っています。

　どちらを選ぶかはあなたです。

29

第1編 「2％の消費税」に改正する

14 （理論６）２％で今の税収は確保できる

日 本 全 国 の 課 税 売 上 高 の 推 計	
（61）課 税 売 上 高	1,597兆5,210億円

２ ％ の 消 費 税 の 納 税 額 推 計	
1,597兆5,210億円×0.02	31兆9,504億円

令 和 6 年 消 費 税 収 予 算	30兆2,234億円
税 収 増 分 　　　31兆9,504億円 　　－30兆2,234億円	1 兆7,270億円

この他に増収となる要因は30項を参照のこと

この項のデータの基は61項の課税売上の推計から引用しており
ます。

61項では、大胆にも、日本全体の課税売上の計算に挑戦してい
ます。

つかまえたのは令和6年消費税の税収予算ただ一つだけです。
30兆2,234億円から拡張して推計をしました。

税収予算を35％とし、税額控除を受けたであろう仕入高を
40％、経費、設備を25％と置いて、売上高を推計しますと61項の
（ア）＋（イ）＋（ウ）の合計863兆5,250億円（エ）となります。

これは単一売上分として、別に重複売上を推計しますと、733
兆9,960億円（オ）となりました。この（エ）と（オ）の合計約1,600
兆円を課税売上としました。

２％の消費税の税収

左の図表の一番上のとおり、61項で推計した、現行の消費税の
課税売上は1,597兆5,210億円となりました。

そして左の図表の２番目のとおり、1,597兆5,210億円の２％で
すから、31兆9,504億円が税収となります。

令和６年消費税収入予算との比較

２％の消費税　31兆9,504億円－令和６年予算　30兆2,234億円
＝１兆7,270億円となり税収の増加となっています。筆者の推計
では、２％の税率で現行の税収は確保できることになります。

この他に増収要因がある

30項に２％の消費税率で計算した増収予想をまとめています。

４つの要因の合計は４兆8,131億円と計算されます（30）。

以上は電卓一つで推計した稚拙な計算です。

本来なら、豊富なデータを基に、スーパーコンピュータで計算
すべきものです。

しかし、意外にも、直感による単純な計算が的を得ているもの
です。

課税当局は、改正案を施行する前に正確に計算をしてください

第1編 「2％の消費税」に改正する

15 （理論7）「改正案」があれば比較ができる

現行の消費税	区分	2％の消費税
理想追求型	比較	現実対応型
消費税の累積を 徹底的に排除	理想	消費税が累積されても 6％程度である
仕入税額控除を導入する も、あまり、実益はない	ヒステリック なしくみ	仕入税額控除は不要
多大な労力を費やし 事業者に過重な事務 負担をかけている	事務負担	事務負担は一切なし
実質的に消費税の納税額 は2％程度である	効果	全事業者が2％の消費税 を受取り、そのまま納税 するだけのしくみ
さらに、インボイス制度 を導入	蛇足	インボイスは直ちに 止める事
こねくり廻して複雑に なりうんざりしている	選択	実質的に同じ税収が入る のであれば、簡便な方を 選択すべきである

32

第1章 「改正案」と理論的背景

一つの法案しかなければ改善できない

現行は図表の左側に示していますが、この法案しかないのですから、どこをどのように改正すれば良いかは不明です。

現行の消費税の概要を見てみましょう。「理想追求型」としていますが、消費税の累積を徹底的に排除するべく構築されています。

そこで「税額控除」を導入しましたが、第2編第7章で述べているとおり、［返る税］が国の税収の4倍の、130兆円も発生しているのです。

この「税額控除」をするために、事業者に過度な事務負担をかけているのです。

その結果、多額な［返る税］を行うものですから、実質的な消費税の納税額は2％程度になっているのです。

さらに、インボイス制度を導入し、何もプラスのない事務処理をさせています。

ドロ沼化した消費税にうんざりしているのが実情です。

改正案があれば比較できる

右側の「2％の消費税」は前述した筆者の改正案です。

「現実対応型」事務負担をゼロにして、現行と同額の税収が得られるもので、素晴らしい改正案です。

その下の「消費税が累積されても6％程度」について、説明が必要です。税率分は2％ですが、4％分は、「税額控除」をしないために、事業者がその分コストが増加しますから、商品価格の値上げ分です（6・26）。

したがって、消費者は合計約6％の負担となって、現行の10％の消費税に比べて4％の減税になります。

「2％消費税」は優秀である

現行の消費税は「付加価値税」でボロボロになっており、これを修復することは不可能です。全く新しい発想で「取引高税」を導入し、全面改装をして全く新規に出発するものです。

33

第1編　「2％の消費税」に改正する

コラム1

課税の対象

1	課税の対象の概観			
課税の対象	国内取引に係る課税の対象（資産の譲渡等（特定資産の譲渡等を除く。）及び特定仕入れ）	課税資産の譲渡等	課税取引	消法4、6①②、7
			輸出免税取引	
		特定課税仕入れ	課税取引	
		非課税資産の譲渡等	非課税取引	
	輸入取引に係る課税の対象（外国貨物の引取り）	課税貨物の引取り	課税取引	
		非課税貨物の引取り	非課税取引	
不課税取引				

※1　特定資産の譲渡等
　　　事業者向け電気通信利用役務の提供及び特定役務の提供をいう。
　2　事業者向け電気通信利用役務の提供
　　　国外事業者が行う電気通信利用役務の提供のうち、その性質や取引条件等からその役務の提供を受ける者が通常事業者に限られるものをいう。
　3　特定役務の提供
　　　国外事業者が行う演劇等の役務の提供をいう。
　4　特定仕入れ
　　　事業として他の者から受けた特定資産の譲渡等をいう。

出所：令和5年度版税務インデックス（税務研究会出版局）248頁

輸入取引に係る課税の対象

3　輸入取引に係る課税の対象 　保税地域から引き取られる外国貨物には、消費税が課される。 　なお、国内取引とは異なり事業として対価を得て行われるものに限らないため、無償取引である場合又は事業として行われるものでない場合のいずれも課税の対象となる。	消法4② 消基通5-6-2

出所：令和5年度版税務インデックス（税務研究会出版局）249頁

34

第2章　消費税法から廃止する規定

①事業者のすべてが課税事業者になる

「2％の消費税」はすべての買手が消費税を負担し、すべての売手が納税します。

そのため、現行の消費税のように、納税義務が免除される免税事業者の定めはなくなります。また、免税事業者の判定に用いる**基準期間**の定めもなくなります。事業を新規に開業すれば、即課税事業者となり、2％の消費税を預かり、納税することになります。

②インボイスは当然廃止

「税額控除」は一切しませんから、インボイス制度も全面廃止になります。インボイスの発行も保存も全て不要になるのです。事業者の事務負担はゼロになります。

インボイスについては、第8章と第9章に取上げております。

簡易課税制度は「税額控除」をする場合の「仕入税額」の計算を簡単にする制度ですから、簡易課税制度も全面廃止となります。

③8％軽減税率もなくなる

現行では、10％の標準税率と、8％の軽減税率が混在しているため、両者の区分経理をしたり、インボイスの発行もめんどうになっています。10％も8％も一律の2％になります。

④全面改正になる

現行の消費税が「付加価値税」であり、「2％の消費税」は「取引高税」ですので、現行の消費税を全て廃止して、新しく「2％の消費税」を構築することになります。

第1編 「2％の消費税」に改正する

16 基準期間の定めは不要になる

基 準 期 間 と は	
法　人	個人事業者
その事業年度（判定する事業年度）の前々事業年度	その年（判定する年）の前々年

免税事業者は基準期間の課税売上が1000万円以下

前々年	前　年	課税期間
基準期間といいます。課税売上高が1000万円以下		▶ 免税事業者になる

開業即納税義務者
2％の消費税に改正すると、免税事業者はいなくなります。そのため基準期間の定めは廃止になります。 　事業を開業すると、その日から売上に対して消費税の納税義務者になります。

第2章　消費税法から廃止する規定

「基準期間の定めとは

　基準期間とは、納税義務の有無を判定する基準となる期間のことです。

　左の図表の1番上の表にあるとおり、法人はその事業年度の前々事業年度、個人事業者はその年の前々年が基準期間です。

　その課税期間の納税義務の有無が、その課税期間が開始する時点で把握できるように基準期間が定められています。

免税事業者の判定

　納税義務の免除の判定は、2段階で行います。

　第1段階の判定は基準期間の課税売上高が1,000万円以下か否かで判定します。

　基準期間の課税売上高が1,000万円以下の事業者は、さらに第2段階の判定を行います。これは特定期間の定めですが、ここでは説明を省略します。

　左の図表の中ほどに示していますが、前々年の課税売上高が1,000万円以下の場合には、課税期間は免税事業者となります。免税事業者は課税期間の売上がいくらであっても納税義務が免除されます。

　毎年、基準期間の課税売上高を調べて、1,000万円以下であれば免税事業者。1,000万円超になると課税事業者になります。

　また、新規開業をした場合には原則として次のようになります。

　ア、新たに個人事業者として開業した場合

　　　基準期間の課税売上がないので、免税事業者になります

　イ、新設法人の場合

　　　設立した時には基準期間はありませんから、免税事業者になります

「2％の消費税」に改正すると

　すべての事業者が課税事業者になりますから、開業すると直ちに消費税の納税義務者になります。

　そのため基準期間の定めは廃止されます。

37

第1編 「2％の消費税」に改正する

17 免税事業者・簡易課税制度はなくす

免税事業者は廃止

| その課税期間の基準期間の課税売上高が1,000万円以下である事業者 | | 納税義務が免除される |

上記、免税事業者の取扱いを廃止する。
全ての事業者が受取った2％消費税を納税するため、[益税]はなくなる。

簡易課税制度は廃止

　簡易課税制度は、課税売上高から納付する消費税額を計算する制度である。
　課税期間における課税標準額の消費税額に「みなし仕入れ率」をかけて仕入税額控除額を計算する。

　この簡易課税制度を廃止する。
　廃止によって「事業区分」が不要となり、売上高の区分も必要がなくなる。

第2章　消費税法から廃止する規定

免税事業者とは

前項で述べておりますが、改めまして、左の図表の上に説明を
しています。

免税事業者は、その課税期間の基準期間（前々年の課税期間）
の課税売上高が1,000万円以下である事業者です（16）。

この免税事業者は納税義務が免除されるため、消費税の申告も
納税もしなくて良いのです。この取扱いは、小規模な事業者に事
務負担をかけないようにするために導入されています。

免税事業者の取扱いはなくなる

「2％の消費税」は、すべての事業者が納税義務者になります。
例外は一切認めません。

事業を開始すると、所得税の申告の義務が生じますが、消費税
も同様に即、納税義務が生じます。

販売に当たっては消費税を受け取り、決算時には消費税を納税
することになります。

とにかく、事業者全員が納税義務者になるのです。

買手から2％の消費税を預かり、売手は預かった2％の消費税
をそのまま納税します。

具体的には課税期間（事業年度）の1年分の課税売上高に2％
をかけたものが、消費税の納税額です。

日常の経理処理を税込みでしている場合は、総売上高×2÷
102で計算します。

所得税の申告をする際の売上高から簡単に計算ができますか
ら、免税事業者を優遇する必要がありません。

簡易課税制度も廃止する

簡易課税制度は「税額控除」を計算するための「簡易版」です
から「税額控除」を廃止するもので、同時に簡易課税制度も廃止
になります。

39

第1編 「2％の消費税」に改正する

18 インボイス制度は当然に廃止する

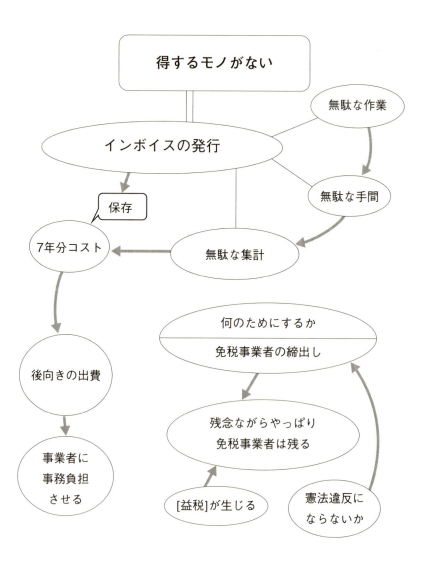

税額控除制度をなくするため、**インボイス制度**は廃止することになります（詳細は第8章）。

得するものは何もない

インボイスの発行をして、そのインボイスをベースにして「税額控除」をするだけの話で、売手はインボイスを発行することも無駄な作業であり、売手が得をするわけでもなく、無駄な手間がかかるだけです。

買手のほうは、税額控除をするために、インボイスを集計するもので、別に得することはありません。このように売手も買手も何の得もないのに、コンピュータを導入して多大な事務負担をするだけの話です。

また、このインボイスのゴミの山を次の日から7年間、納税地またはその取引に係る事務所等に保存しなければなりません。

　ア、帳簿はその閉鎖の日の属する課税期間の末日の翌日から2
　　　カ月を経過した日。

　イ、インボイス等は、その受領した日の属する課税期間の末日
　　　の翌日から2カ月を経過した日。

この保存のためのコストをなんで事業者が負担しなければならないのでしょうか。

免税事業者を締め出す目的

上記のとおり、インボイスは得するものが何もないにもかかわらず、それでも、導入する目的は、免税事業者を市場から締め出すことなのです（第8章参照）。

免税事業者が連鎖する事業者の間にいると、税額控除が切断されてしまうため、事業者全員を課税事業者にしようという試みなのです。

免税事業者は残り［益税］が生じる

免税事業者は、課税事業者となりインボイスを発行するにはコストと時間がかかるため、登録を断念します。

免税事業者は残り、課税庁の目論見は失敗に終わります。

41

第1編 「2％の消費税」に改正する

19　8％の軽減税率はなくす

一体資産の判定における「食品の価額の占める割合」の具体例

　事業者の販売する商品や販売実態等に応じて、例えば、次の《例1》・《例2》のように事業者が合理的に計算した割合であれば、これによって差し支えありません。
《例1》卸売事業者A：一体資産の販売に係る原価のうち食品の原価の占める割合で判定
《例2》小売事業者B：一体資産を仕入れてそのまま販売しており、仕入先が適用した税率で判定

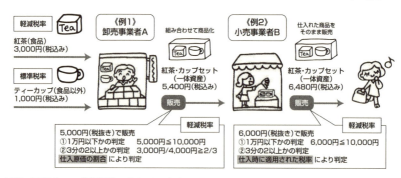

出所：国税庁HP「消費税のあらまし」上3頁。下4頁

ある支店長さんの実話

　街中のローソンの初めての店に入りカップめんを買いました。レジを通過する時は、持ち帰る予定でしたから、定価400円の８％の消費税32円、合計432円を支払いました。

　ところが、出口のところを見たら、ポットにお湯があり、机とイスがあることを発見しました。そこで、時間もあるし、食べる所もないので、このイートインコーナで食べて帰ることに急遽変更したのです。

　お湯をカップめんに入れ、食べ始めたところで、店員さんが近づいて来て、「お店で食べるなら、その旨を言ってくださいよ」と言われ、カップめんを食べたあと、10％の40円の消費税に訂正され、差額の８円を支払ったというお話でした。

消費税基本通達抜粋

　通達では、次のように取扱われています。

　（ア）食事の提供の範囲（5-9-9）食事の提供は事業者がテーブル、椅子、カウンターその他の飲食に用いられる設備のある場所において、飲食料品を飲食させる役務の提供をいう。とされ、設備のある場所での食料品の提供には軽減税率は適用されません。

　（イ）譲渡か否かの判定（5-9-10）当該飲食料品について店内設備等を利用して飲食するのか又は持ち帰るのかを適宜の方法で相手方に意思確認するなどにより判定をすることとなる。

軽減税率を廃止する

　2019（令和元）年10月１日以降に一般の消費税率が10％になり、酒類、外食を除く飲食料品および、週２回以上発行される新聞（定期購読契約に基づくもの）については８％の軽減税率が適用されています。

　「２％の消費税」に改正されますと、この軽減税率も２％となって、廃止されます。また、左の図表の下に掲載する「一体資産の判定」についても、不要になりますから廃止になります。

第1編 「2％の消費税」に改正する

20 帳簿等の記載義務を軽減する

取引区分	帳簿への記載事項
資産の譲渡等（特定資産の譲渡等を除く）を行った場合	①取引の相手方の氏名又は名称 ②取引年月日 ③取引内容（軽減税率の対象品目である旨） ④税率の異なるごとに区分した取引金額
売上返品を受けたり、売上値引きや売上割戻し等を行った場合	①売上返品等に係る相手方の氏名又は名称 ②売上返品等に係る年月日 ③売上返品等の内容（軽減税率の対象品目である旨） ④税率の異なるごとに区分した売上返品等に係る金額
仕入返品をしたり、仕入値引きや仕入割戻し等を受けた場合	①仕入返品等に係る相手方の氏名又は名称 ②仕入返品等に係る年月日 ③仕入返品等の内容（軽減税率の対象品目である旨） ④仕入返品等に係る金額
貸倒れが生じた場合	①貸倒れの相手方の氏名又は名称 ②貸倒れ年月日 ③貸倒れに係る資産又は役務の内容（軽減税率の対象品目である旨） ④税率の異なるごとに区分した貸倒れに係る金額
課税貨物に係る消費税額の還付を受けた場合	①保税地域の所轄税関名 ②還付を受けた年月日 ③課税貨物の内容 ④還付を受けた消費税額

出所：国税庁HP「消費税のあらまし」64頁

ア 「2％の消費税」は課税売上高に2％を課税するだけだから、帳簿等の記載義務を軽減する。

イ 仕入税額控除は廃止するので、仕入、経費、固定資産の購入については、記載義務がさらに軽減できる。
課税仕入の帳簿類の保存は不要にしてはどうか。

帳簿の記載事項と保存期間

　課税事業者は帳簿を備え付けて、これに取引を行った年月日、内容、金額、相手方の氏名、または名称などの必要事項を整然とはっきり記載し、この帳簿の閉鎖の日の属する課税期間の末日の翌日から２カ月を経過した日から７年間、納税地等で保存する必要があります。

　この帳簿は、上記の記載事項を充足するものであれば、商業帳簿でも所得税・法人税で使用する帳簿でも差し支えありません。

売上に関する帳簿と保存

　左の図表の上は、全般的な帳簿への記載を表示したものです。

　「２％の消費税」に改正しますと、課税売上高に関する記録は、現行のとおりの帳簿管理が必要になります。

帳簿への記載を軽減する

　左の下に示すとおり、帳簿への記載義務を見直して軽減すべきです。

ア「２％の消費税」は課税売上高に２％を課税するだけですから、帳簿等への記載義務を軽減すべきです。

イ「仕入税額」の「税額控除」は廃止しますから、仕入、経費、設備投資等については、さらに軽減ができると思われます。

　また、インボイス制度は全て廃止しますから、インボイス関連の書類の保存は一切なくなります。

　現行では、インボイスの有無について一つ一つ区分けして管理しなければならず、経理の現場では、多大の負担になっています。

　それは、インボイス制度の適用開始から６年間は、インボイス発行事業者以外の者からの課税仕入について、「仕入税額相当額」の一定割合に限り、税額控除が認められるからです。最初の３年間は80％、次の３年間は50％です（75）。

　「２％消費税」を一刻も早く改正・成立させ、現場の事務負担の軽減を図りたいものです。

第1編 「2％の消費税」に改正する

21 消費税を少子化に使うのはやめる

消費税法1条2項

2　消費税の収入については、地方交付税法（昭和二十五年法律第二百十一号）に定めるところによるほか、毎年度、制度として確立された年金、医療及び介護の社会保障給付並びに少子化に対処するための施策に要する経費に充てるものとする。

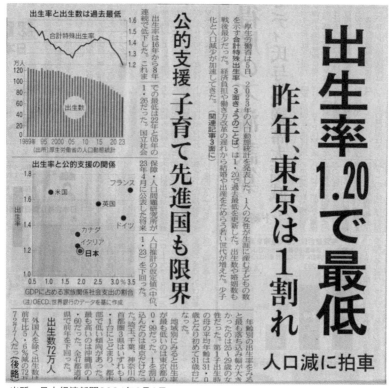

出所：日本経済新聞2024年6月6日

第２章　消費税法から廃止する規定

少子化対策は効果がない

　大きなトレンドは人口減少に向かっています。国立社会保障・人口問題研究所の将来推計人口では、2070年の人口は8,700万人となり、2020年の１億2,615万人から３割減るという見通しを発表しています。

　出生数を見ますと、第２次ベビーブームのピークだった1973年の200万人以降、減少傾向に入り、2010年に100万人を割りました。2023年は左の新聞のとおり、75万8,631人にまで減少しています。

　過去にも少子化対策を実施してきた結果、一向に上向く気配はなく、**少子化対策**は効果がないことが分かります。

親の暮らしが楽でない

　親は共働きをしており、子どもを預けながら必至に生活をしています。

　共働き世帯は増加傾向にあり、2023年は1,278万世帯になると報道されています。

　これは専業主婦世帯の２倍超の水準とのことです。

　多くの子育て世代が、仕事との両立に向き合っています。

　こうした共働き世帯のために朝７時に小学校の校門を開け、登校時間の８時まで子どもを預かる学校も出現しました（以上、日本経済新聞2024年５月１日37面掲載記事）。

　子育て中の親が楽な暮らしをしていないのです。

　今回の「次元の異なる少子化対策」は児童手当拡充など、子どもがいる世帯への経済的支援に力点が置かれています。

　これで、新しく子どもが生まれるはずはありません。

消費税法１条２項を削除

　消費税の税収を少子化対策に使うことになっていますが、効果がありませんから削除します。

　親の暮らしを夢のあるものにしない限り、子どもの出生は増加しません。

　人口減少を前提にした社会づくりを急ぐ必要があるのです。

47

第1編 「2％の消費税」に改正する

コラム2

国内取引に係る課税の対象

要件	判定基準等	
2　国内取引に係る課税の対象 　次の4要件の全てを満たすものが国内取引に係る課税の対象となる。		消法4①
①国内取引であること	・資産の譲渡又は貸付けの場合：原則として、その譲渡又は貸付けが行われる時においてその資産が所在していた場所により判定する。	消法4③一
	・役務の提供の場合：原則として、その役務の提供が行われた場所により判定する。	消法4③二
	・利子を対価とする金銭の貸付け等の場合：その貸付け等を行う者の貸付け等に係る事務所等の所在地により判定する。	消令6③
②事業者が事業として行うものであること	・法人：全取引が該当する。	
	・個人事業者：事業者の立場で行う取引（反復、継続、独立して対価を得て行われる資産の譲渡等）のみが該当する。	
③対価を得て行われるものであること	無償取引であっても、次のいずれかに該当するものはみなし譲渡として課税の対象となる。 ・個人事業者の棚卸資産又は事業用資産の家事消費又は家事使用	消法4④一
	・法人の自己の役員に対する贈与	消法4④二
④資産の譲渡及び貸付け並びに役務の提供であること	・資産の譲渡とは、資産につきその同一性を保持しつつ他人に移転させることをいう。したがって、権利の消滅又は価値の減少は該当しない。また資産の譲渡はその原因を問わないため、保証債務の履行のために行うものであっても該当する。	消基通5-2-1、5-2-2
	・資産の貸付けとは、賃貸借や消費貸借契約などにより資産を他者に貸し付けたり使用させたりする行為をいい、資産に係る権利の設定その他他者に資産を使用させる一切の行為を含む。	消法2②
	・役務の提供とは、請負契約に代表される土木工事、修繕、運送、保管、印制、広告、その他のサービスを提供することをいい、弁護士、公認会計士、税理士、作家、スポーツ選手等によるその専門的知識、技能等に基づく役務の提供も含まれる。	消基通5-5-1

出所：令和5年度版税務インデックス（税務研究会出版局）248・249頁

48

第3章 「2％の消費税」にするメリット

①5大［返る税］が完全になくなる

　［返る税］は「税額控除」によって、「売上税額」から、消費税が返って来ることを表現しています。

　［返る税］の詳細は第7章に掲載しています。

　輸出業者、売上原価（仕入）、経費、設備投資、簡易課税制度の5種類です。この合計は130兆円にものぼりますが、これを事業者が着服しているのです。これが完全になくなります。

②小規模事業者も対等に仕事ができる

　インボイス制度が始まって、課税事業者となり、インボイス発行事業者でなければ、インボイスが発行できません。インボイスのない事業者からの仕入は、「税額控除」ができなくなりました。

　そのため、課税事業者から取引を断られる小規模事業者がたくさん出てきますが、「2％の消費税」に改正しますと、「税額控除」がなくなりますから、取引を断られることがなくなり、他の事業者と対等に仕事ができるようになります。

③物価が下がる

　消費税が10％から2％に下がります。

　ただ、事業者の立場からは「税額控除」がなくなりますから、その消費税分がコスト高となり、事業者の利益が減少します。そのためコスト高になる分が、値上げになる可能性があります。

　筆者の試算では消費税込みで約6％がUPとなり、実質的に4％の値下がりになりそうです

第1編 「2％の消費税」に改正する

22 消費税が本来の間接税に戻る

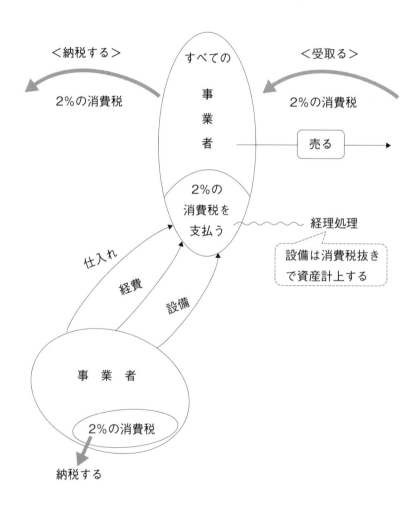

第3章 「2％の消費税」にするメリット

本来の間接税とは

買手が税金を負担して、売手が税金を受取ったら、その金額をそのまま納税するしくみです。

間接税は税金を負担（支払う）する人と、税金を納税する人が別の人になります。

直接税は所得税・法人税・相続税などのように、税金を負担（支払う）する人と納税する人が同一人物です。

間接税の場合に、買手が負担した税金は、物の引き渡しを受けた時に発生しますから、売手が受取る税金は公金である預り金となります。

その公金はそのまま納税すべきものです。

この公金から、適当な理由をつけて、控除などが許されるものではなく、控除をすると「公金着服」になると筆者は主張しています。

「2％の消費税」を受け取り、納税する

「2％の消費税」では売手は買手から2％分の消費税を預かり、それをそのまま納税するシステムです。

大、中、小企業を問わず、すべての事業者が、2％の消費税を受け取り、そのまま納税をします。

預かった消費税から一銭たりとも控除はしません。

したがって［返る税］が発生する余地は一切ありません。

税額控除はしない

左の下の図のとおり、中心の事業者が買手となり、その事業者が購入する仕入、経費、設備に課税される「2％の消費税」は支払い、経費処理をします。

設備の消費税は租税公課とし、税抜き価格を資産に計上します。これらの消費税の税額控除はありません。

そして、納入業者は受取った消費税をそのまま納税します。

単純で、明快なシステムです。

51

第1編 「2％の消費税」に改正する

23 5大［返る税］が完全になくなる

番　号	名　　称	概　要（掲載項目）
返る1	輸出免税	非課税扱いとし税額控除はなくす（63）
返る2	売上原価	税の累積を許容し、税額控除はなくなる（64）
返る3	経費・設備投資	税額控除する根拠がない（65）
返る4	設備投資	大型の設備投資をすると、大型の還付があるが、税額控除をやめる（66）
返る5	簡易課税制度	税額控除をみなし仕入率で行うもので、実際の仕入税額より、みなし仕入率が多い場合には[返る税]となるが、この制度そのものを廃止する（67）

52

税額控除により［返る税］が生じる

何度も［返る税］が出てきます。

９項にも説明を加えておりますが、もう少し詳細を述べます。

これは実際には**「公金着服」**なのですが、少しドギツすぎるので［返る税］としてカムフラージュしたものです。

現行の消費税では「売上税額」から「仕入税額」を「税額控除」して、支払った消費税分を回収しています。

「売上税額」は課税権者の税金ですから「公金」となり、「公金」の「着服」になるのです（9）。

つまり「税額控除」は刑法違反の行為なのですが、付加価値税を選択した当初からの**選択ミス**なのです。

「付加価値税」を選ばずに「取引高税」を選択するべきだったのです。

［返る税］は全部で５種類

この詳細は、第２編の第７章に詳述しています。左の図表の右側の（　）の中が掲載している項目番号です。

左の図表では［返る税］と表示していますが、事業者が悪いのではありません。消費税法の選択が悪いのですから、気を悪くしないでください。

「２％の消費税」に改正すれば、すべての［返る税］が完全になくなります。この改正の最大級のメリットです。

巨額のものは輸出取引と設備投資

輸出取引につきましては、**「消費税の神様」**と称されている元静岡大学教授・税理士湖東京至（ことうきょうじ）先生がおられます。63項に述べますが、大活躍をされておられます。インターネットでぜひ検索してみてください。6.6兆円もの巨額の［返る税］が生じています。

もう一つ、景気が良くなって大企業が大型の設備投資を始めています。たとえば１兆円の投資をしますと、1,000億円の消費税が税額控除されて、巨額の還付の［返る税］が発生します。

第1編 「2％の消費税」に改正する

24 小規模事業者も対等に仕事ができる

> 2％の消費税は全事業者が消費税を受け取り、
> 2％の消費税を納税するシステムである。

> 仕入税額控除が廃止され免税事業者もなくなる。

> これまでのように免税事業者に、
> 発注が来なくなることはなく、
> 他の事業者と対等に仕事ができる。

54

免税事業者のままだと仕事がこなくなる

　免税事業者は年商が1,000万円以下の事業者ですから、１年間の営業日数を300日としますと、１日の商いは33,000円程度になります。原価が必要ですから儲けはわずかです。

　飲食店であれば店主１人分の売上でしょうし、物品販売店や製造業となるとかなり小規模の商いです。

　この免税事業者に、インボイスの登録をして、多大の事務負担をするだけの時間的な余裕はありません。

　すると、この免税事業者と取引をする事業者は、インボイスがないため、値切るか、仕事の発注をしなくなります。

　免税事業者からみると、仕事がこなくなり、廃業や業種転換が迫られます。

　このように、約500万もある免税事業者を締め出すために、インボイス制度が導入されたのです。

「２％の消費税」ではすべての事業者が課税事業者になる

　左の図表に示すとおりです。「２％の消費税」では全事業者が２％の消費税を受け取り、２％の消費税を納税するシステムです。

　「税額控除」が廃止され、免税事業者もなくなります。

　免税事業者も課税事業者になりますが、事務負担は一切ありません。

　１日の売上高33,000円の２％、660円の消費税を預かり、それを１年分まとめて納税するだけです。年間198,000円になりますが、これはお客様から預かっている金額です。毎日の消費税分を別の預金通帳に入金しておけば、納税に困ることはありません。

免税事業者も対等に仕事ができる

　左の下に書いていますが、現行のように、免税事業者に、発注が来なくなることはありません。同業他社と対等に仕事ができるようになります。どうか頑張って儲けてください。

第1編 「2％の消費税」に改正する

25 消費者にとって税率が2％に下がる

消費者には税率が2％に下がる

課税標準×2％＝消費税額

課税資産の譲渡の対価の額（売上高）

売値の額が上がる要因	売値の額が下がる要因
仕入税額控除がなくなったために、税が累積し、コストが増える。その分売値が上がる（26）。	消費者は常に安いものを買い求める。事業者が流通経路を短縮すれば売値は下がる（27）。

消費税の税率は２％になる

これまで、10％の消費税を支払っていました。なんと１割増しですから、高価なものを買うと大きな負担になり、買うのをためらいます。

売手の方は当然の如く、レジで10％をワンタッチで加算し、請求してきます。

ここで、10％もの消費税を負担しているのは消費者だけですよ！　とお伝えすると皆様方は間違いなく怒るでしょう。

本当なのです。事業者は消費税を一切負担（支払う）していないのです。そんな馬鹿げた消費税法になっているのです。

事業者が納税している消費税は「売上税額」−「仕入税額」＝納税額です。「仕入税額」は仕入、経費、投資にかかった消費税で、全額を差し引きますから、消費税は負担をしていないのです。

さて、この差額（納税額）は何かというと、主にその事業の「人件費＋企業の利益」に10％をかけた、わけのわからないものです。

納税額がマイナスになると、いくらでも**還付**が受けられます。

売値が上がる要因

事業者の方は「税額控除」がなくなった分コストが増加しますので、その分商品の**売値が上がる**ことになります。

どれだけ上がるかは各事業者の経営戦略にかかわっています。

たくさん値上げする事業者もいれば、事業者の利益を減らして、値上げを少なくする事業者もいます（26）。

売値が下がる要因

これまで、流通経路が長く中間に事業者が入っても事業者の方は「税額控除」があり、損も得もありませんでした。中には利権によりペーパーマージンを受け取る事業者も入っています。

改正後はこの中間の業者を少なくすれば売値が下がります。

製造直販が最も安い売値になります（27）。

第1編 「2％の消費税」に改正する

26 売値が上がり実際のメリットは4％か？

	生産業者	メーカー	卸売業者	小売業者	消費者
売上げ	20,000	50,000	70,000	100,000	＋ 3,840 100,000
2％消費税	400	1,000	1,400		2,077
みなし仕入率	70％	70％	90％	80％	
課税仕入	14,000	35,000	63,000	80,000	
課税仕入の2％	280	700	1,260	1,600	(3,840)
本体＋消費税	累積する消費税3,840円（売却がupする）				105,917

① 課税仕入れはみなし仕入率により計算した。

② 仕入税額分の控除がないため、消費税が累積する。

　これは各事業者が、売値をupさせることになる。

　上記では合計額3,840円を小売価格に上乗せし、103,840円に、

　2％の消費税2,077円とした。

③ 消費者の支払額は105,917円となる。

　約6％の負担となり、実際の減税効果は4％になる。

第3章 「2％の消費税」にするメリット

仕入税額の計算

売上高は4項から続けている国税庁のホームページ「消費税のあらまし」のものです。消費税は2％として計算しています。

さて、仕入税額は税額控除をするために計算するのではなく、どれだけ事業者が支払っているかコストの増加分を計算するためのものです（6）。

まず、簡易課税制度のみなし仕入率を適用し、課税仕入を計算し、その2％の消費税を計算しました。

その合計は、3,840円となりました。売値を改定しなければ、この分だけコストが増加し、それぞれの事業者はその分利益が減少してしまいます。

コスト増分を売値に加算

課税仕入に対する2％の消費税分3,840円を、単純に最終の小売価格に上乗せしますと103,840円×2％＝2,077円の消費税となりました。

その結果、消費者が支払う金額は本体価格が103,840円＋2％消費税が2,077円＝105,917円となります。

実質的な減税効果は

表面的には本体価格が100,000円で消費税が10％から2％に下がるので、8％の減税効果があります。

ところが、「税額控除」をなしにしましたから、各事業者は仕入、経費、設備の購入分の2％の消費税分のコストがUPするのです。

そこでこの分だけ売値を上昇させますと105,917円となり約6％の負担率となります。

結果として、実質的な**減税効果**は消費税率10％から負担率6％に下がることになり、メリットは4％になります。

これは計算上の結果ですから、各事業者の判断で値段をどこまで上昇させるかが決まるものです。

59

第1編 「2％の消費税」に改正する

27 流通経路を短縮すれば売値は下がる

ア　4段階

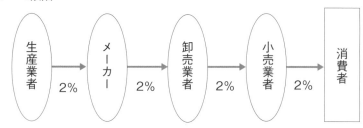

消費税が2％分累積され、単純に
4段階×2％＝8％、売値が上がる

イ　2段階

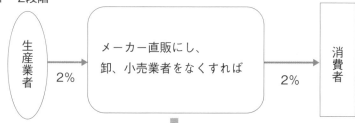

単純に2段階×2％＝4％、売値が上がる
ア（8％）に比べ売値は下がる

その他、多品種の生産を、品種を少なく
すれば、売り値は下がる

第3章 「2％の消費税」にするメリット

「2％の消費税」では「税額控除」をなくします。

そうすると売上原価についてのみ税の累積が生じます。

次のアとイは単純にドンブリ勘定で税率をかけて比較しています。

ここでは流通経路を少なくすれば、売値が下がることをイメージでご理解ください。

流通経路が4段階のケース

左の図表の上、「ア　4段階」のように、

生産業者→メーカー→卸売業者→小売業者として流通する場合には、消費税が2％分累積されて、単純に4段階×2％＝8％（前項の売上で計算すると3.8％）売値が上がることになります。

流通経路が2段階のケース

同表の下「イ　2段階」のように

生産者→メーカーの2段階で、卸売業者と小売業者をなくすれば単純に2段階×2％＝4％売値が上がることになります。

流通経路の短縮で売値は下がる

左の図表のとおり、4段階では8％の値上がり、2段階にすれば4％の値上がりとなります。

流通経路を短縮すれば、その分、税の累積が少なくなり、売値が下がるのです。

製造直販にすれば、売値は下がります。

「2％の消費税」を導入すると価格競争の結果、自然に流通経路は短縮されてくると思います。

特に大企業の場合、親・子会社の関係で、製造会社→販売会社→物流会社などのように、自社で、流通段階が増えているケースがあり、これの短縮の検討が必要になります。

また、スーパーでは、各メーカーが類似商品の品種を増やし、棚が商品であふれています。品種をしぼり込むと売値は下がると思われます。

61

第1編　「2％の消費税」に改正する

28　物価高騰への最強の抑制対策になる

「経済ゆとりなし」最多63％

内閣府、社会への不満調査

内閣府は22日、「社会意識に関する世論調査」を発表した。現在の社会で満足していない点を複数回答で尋ねると「経済的なゆとりと見通しが持てない」が昨年3月公表の前回より0・7ポイント増の63・2%で最多だった。

2020年までは調査手法が異なるため単純比較できないが、08年に同様の質問を始めて以降最も多かった。物価高の影響を反映した形だ。

物価高の影響反映

2位以下は「子育てしにくい」28・6%、「若者が社会での自立を目指しにくい」28・2%、「女性が社会での活躍を目指しにくい」26・2%、「働きやすい環境が整っていない」25・8%と続いた。

日本で悪い方向に向かっている分野（複数回答）についても「物価」が69・4

た。物価高の影響を反映し上位を占めた。

一方、良い方向に向かっている分野は「特にない」が25・5%、「医療・福祉」が25・5%、「防災」24・1%、「治安」18・6%の順だった。

調査は昨年11〜12月、18歳以上の3千人を対象に郵送で実施。回収率は57・1%だった。20年までは面接方式だったが、新型コロナウイルス禍を踏まえ、21年から郵送に切り替えた。

%でトップ。「国の財政」58・4%、「景気」58・1%、「経済力」46・7%が

出所：日本経済新聞2024年3月23日（共同通信配信）

毎年２％の上昇は超インフレである

日銀がおかしな論議を展開しています。

「２％の物価の上昇」と「賃金の上昇」をリンクさせて好循環になるとの主張です。

学者の机上の論議なのです。

「賃金の上昇」は日銀や政府がコントロールできるものではなく、企業の経営判断により経営者が決断するもので、**物価**の上昇があったら、賃金上昇がリンクするものではありません。

したがって好循環は起きえません。

「２％の物価上昇」は何を考えているのか、10年続けると20％の上昇になるのです。

これは超インフレで許容できるものではありません。

現在1,000万円の預金が10年後には800万円の購買力しかなくなるのです。

高齢化社会にあって、高齢者の生存を危うくするものです。

経済的ゆとりなし

左の内閣府の調査によりますと「現在の社会で満足していない点」を尋ねると「経済的なゆとりと見通しが持てない」が63.2％ありました。この調査結果を、新聞では「物価高の影響を反映した形だ」と表現しています。

また、「日本で悪い方向に向かっている分野」についても、「物価」が69.4％でトップの回答です。

このように「物価の高騰」に不満を持っているのです。

物価の上昇をくい止める

「２％の消費税」に改正しますと、これまで述べたとおり、最低でも４％の物価の下落が可能になります（26）。

物価上昇の歯止めとして活用ができます。

第1編 「2％の消費税」に改正する

29 事業者は事務負担が激減する

仕入控除税額の計算

ア 課税期間中の課税売上高が5億円以下、かつ、課税売上割合が95％以上の場合

> 課税期間中の課税売上げに係る消費税額から、課税仕入れ等に係る消費税額の全額を控除します。

イ 課税期間中の課税売上高が5億円超又は課税売上割合が95％未満の場合

課税仕入れ等に係る消費税額のうち、課税売上げに対応する部分のみが、仕入控除税額となります。

したがって、次の（a）又は（b）の方式で計算した仕入控除税額を、課税期間中の課税売上げに係る消費税額から控除します。

（a）個別対応方式	課税期間中の課税仕入れ等に係る消費税額の全てを、次のように区分します。

課税期間中の課税仕入れ等に係る消費税額の全てを、次のように区分します。

課税仕入れ等に係る消費税額	イ 課税売上げにのみ対応するもの	仕入控除税額（控除する消費税額）
	ハ イとロの両方に共通するもの（課税売上割合であん分）	
	ロ 非課税売上げにのみ対応するもの	控除できない消費税額

次の算式により計算した仕入控除税額を、課税期間中の課税売上げに係る消費税額から控除します。

> 仕入控除税額 ＝ イの消費税額 ＋ （ハの消費税額×課税売上割合）

なお、納税地の所轄税務署長の承認を受けたときは、「課税売上割合」に代えて「課税売上割合に準ずる割合」により、仕入控除税額を計算することができます。

（b）一括比例配分方式

課税期間中の課税仕入れ等に係る消費税額が、前ページの図のイ、ロ、ハのように区分されていない場合、又は区分されていてもこの方式を選択する場合に適用します。

課税仕入れ等に係る消費税額	課税期間中の課税仕入れ等に係る消費税額（課税売上割合であん分）	仕入控除税額（控除する消費税額）
		控除できない消費税額

次の算式により計算した仕入控除税額を、課税期間中の課税売上げに係る消費税額から控除します。

> 仕入控除税額 ＝ 課税仕入れ等に係る消費税額 × 課税売上割合

なお、一括比例配分方式により課税仕入れ等の税額の計算を行っている事業者は、課税売上割合に準ずる割合を適用できません。

出所：国税庁HP「消費税のあらまし」30頁〜31頁

64

第3章 「2％の消費税」にするメリット

「2％の消費税」に改正しますと、「税額控除」の計算は一切不要となり**事務負担**が激減します。

この項では現行の消費税で行っている「税額控除」を取り上げて、大変な事務負担になっていることを少しだけのぞいてみます。

また、インボイス制度の廃止についての事務負担の軽減につきましては84項で述べますので、ここでは触れません。

税額控除の全体像

簡易課税制度を適用している事業者は、みなし仕入率により、簡易に税額控除の計算をしますから、以下の計算はしません。

税額控除の計算は大きく2つに区分されます。

　ア、課税売上高が5億円以下、かつ、課税売上割合が95％以上の場合は、「全額控除」ができます。

　イ、課税売上高が5億円超、かつ、課税売上割合が95％未満の場合は（a）「**個別対応方式**」または（b）「**一括比例配分方式**」で計算します。

$$\boxed{課税売上割合} = \frac{課税売上 + 免税売上}{課税売上 + 免税売上 + 非課税売上}$$

で計算します。

新しい用語が出てわかり難いと思いますが、これらのデータを集めるために経理事務をしなくてはなりません。

個別対応方式とは

左の（a）のとおり、仕入税額を、イ、ロ、ハに区分して経理し、集計をしないと計算ができません。

何の計算をしているかというと、非課税売上に対する消費税額を計算し、控除をしないようにしているのです。

一括比例配分方式とは

仕入税額を課税売上割合によってあん分し、控除できない消費税を一括で計算します。

65

第1編 「2％の消費税」に改正する

30 国家は税収が増える見込みである

（単位億円）

２ ％ の 消 費 税	税 収
前段階分の売上税額 （61）（カ）5,181,150×0.02	103,623
前段階分の経費・設備の購入先の売上税額 （61）（キ）2,158,810×0.02	43,176
全国の課税売上高の売上税額 （61）（エ）8,635,250×0.02	172,705
税務控除なしの納税額合計	319,504

増 収 と な る 要 因	税 収
税額控除がないための値上げ分の税収 （61）（エ）＋（オ）　15,975,210×0.05×0.02	15,975
輸出業者の税額控除分の税収増分 （みなし仕入率　製造費　70％を適用） （7）1,008,866×1.05×0.7×0.02	14,830
輸出業者の国内販売分の値上込み （7）　348,860×1.05×0.02	7,326
免税事業者の納税額 　500万×0.1×0.02	10,000
増 収 見 込 額 合 計	48,131

令 和 6 年 消 費 税 収 入 予 算 額	302,234

第3章 「2％の消費税」にするメリット

この項のデータは14項のデータを使っています。14項の納税額は31兆9,504億円となっています。

前段階分の売上税額

前段階の仕入に伴う売上高は61項の右側1番上の（カ）売上高518兆1,150億円×0.02が売上税額10兆3,623億円です。

前段階分経費・設備の購入先の売上高は61項の右側2番目（キ）215兆8,810億円×0.02が売上税額4兆3,176億円です。

全国の売上税額

全国の課税売上高は61項のとおり、令和6年の消費税の徴収予算30兆2,234億円をベースとして組立てていますので、この税収を10倍して計算しています。

この日本全国の課税売上高は61項の左側の3つの合計額で、（エ）863兆5,250億円となり、この2％の売上税額を計算しました。

左の図表の上半分が、上記、（カ）（キ）（エ）の2％の税額合計31兆9,504億円の納税額合計になります。

左の図表の1番下に「令和6年消費税収入予算額」を示しておりますが、これとの差額、1兆7,270億円ほど、税収が超過しております。

この他増収となる要因

左の図表の下に4つほど表示しています。

（1）値上げ分の税収増

（2）輸出業者の税額控除分の税収増

（3）輸出業者の国内販売分の税収増

（4）免税事業者の納税額

を合計すると4兆8,131億円になります。以上の結果から、6兆5,401億円の税収増と計算されます。

しかし、これは実際に「2％の消費税」を動かしてみないと答えはでません。

67

第1編 「2％の消費税」に改正する

コラム3

不課税取引

　課税の対象となる取引に該当しない取引は不課税取引とされ、原則として消費税の計算上は考慮されない。
　不課税取引には、主に次のようなものがある。

不課税取引の一例	不課税となる理由等	
給与	・事業として行うものに該当しない。 ・なお、請負による報酬を対価とする役務の提供は事業に該当する。	消基通1-1-1
家事用資産の譲渡等	・事業として行うものに該当しない。 ・なお、事業用資金の取得のために行う場合であっても同様である。	消基通5-1-8
収益補償金、移転補償金等	・対価を得て行われるものに該当しない。 ・なお、対価補償金は対価性を有する。	消基通5-2-10
保険金、共済金等	・対価を得て行われるものに該当しない。	消基通5-2-4
損害賠償金	・対価を得て行われるものに該当しない。 ・なお、明渡遅延賠償金など資産の譲渡等の対価の補填的性質を有する賠償金は対価性を有する。	消基通5-2-5
立退料等	・賃借権の消滅に対する補償や営業上の損失、移転等に要する実費の補填的性質を有する部分は対価を得て行われるものに該当しない。	消基通5-2-7
剰余金の配当等	・株主等としての地位に基づき受けるものであり、対価を得て行われるものに該当しない。	消基通5-2-8
寄附金、祝金、見舞金等	・対価を得て行われるものに該当しない。 ・なお、実質的に資産の譲渡等の対価として受領したと認められるものはこの限りでない。	消基通5-2-14
補助金、奨励金、助成金等	・対価を得て行われるものに該当しない。	消基通5-2-15
保証金、権利金、敷金等	・契約の終了等により返還することとされているものは、対価を得て行われるものに該当しない。 ・なお、時の経過等により返還を要しない部分については権利設定等の対価に該当する。	消基通5-4-3
キャンセル料等	・逸失利益等に対する賠償金的性質を有する部分は対価を得て行われるものに該当しない。 ・なお、手数料等に相当する部分は解約に係る役務の提供の対価に該当する。	消基通5-5-2
会費、入会金、公共施設負担金等	・対象となる役務の提供等との間に明白な対価関係がないものは、対価を得て行われるものに該当しない。	消基通5-5-3、5-5-4、5-5-6
出向給与負担金	・実質的に出向者に対する給与と認められるものは、事業として行うものに該当しない。 ・なお、労働者派遣の対価として収受する派遣料等は、事業として対価を得て行われるものに該当する。	消基通5-5-10、5-5-11

出所：令和5年度版税務インデックス（税務研究会出版局）249～250頁

68

第4章　税制改正のあるべき姿

①国民主権主義

　日本国憲法では、国民が主権者であると宣言してあります。国民が主人公です。

　各種法律の制定や改廃についても、国民が意思を表明して、その意思に従って政治家が行動して、その意志の通り決議するものです。「税法」も法律ですから、当然に国民が意思表示をして、その通りの制定や改正をすべきものです。

　国民主権主義によれば、税制は国民が決めるものです。政府や政治家が勝手に決める権限はありません。もちろん、「2％の消費税」に改正する選択をするのはあなたです。

②税制は毎年改正するな

　上記、国民主権であるにもかかわらず、国民の意見を聞かず、政権・与党が税制を勝手に改正し、しかも税制を政策の道具に使っています。税制は基幹の法律であり、毎年コロコロ変えるものではありません。毎年の改正は止めるべきです。

　国民は政治家に**白紙委任状**を渡してはいないのです。政治家が当選すると全権委任を受けたものと勘違いして行動しているだけです。国民が意思を伝える場がなくて、国民が、政治家に「信託」していません。

③日本税制会議の構想

　税制に関して、国民の意思を集約する場として、「**日本税制会議（仮称）**」の構築を提案しています。

第1編 「2％の消費税」に改正する

31 憲法は「国民主権主義」を定めている

日本国憲法前文

日本国民は、正当に選挙された国会における代表者を通じて行動し、われらとわれらの子孫のために、諸国民との協和による成果と、わが国全土にわたつて自由のもたらす恵沢を確保し、政府の行為によつて再び戦争の惨禍が起ることのないやうにすることを決意し、ここに主権が国民に存することを宣言し、この憲法を確定する。そもそも国政は、国民の厳粛な信託によるものであつて、その権威は国民に由来し、その権力は国民の代表者がこれを行使し、その福利は国民がこれを享受する。これは人類普遍の原理であり、この憲法は、かかる原理に基くものである。われらは、これに反する一切の憲法、法令及び詔勅を排除する。

日本国憲法第一条

第一条

天皇は、日本国の象徴であり日本国民統合の象徴であつて、この地位は、主権の存する日本国民の総意に基く。

国民主権主義の定め

日本国憲法の基本原理は、国民主権主義、基本的人権尊重主義、平和主義であるといわれ、この3つが憲法の三大原理とも称されています。

左の上に掲げたのは、日本国憲法前文の第一段です。

「日本国憲法は、・・・この憲法を確定する」とされ、この憲法が憲法制定権者となった「日本国民」によって制定されたと宣言しているのです。

そして、「主権」とは、国家の意思が形成される場合に、それを最終的に決定する権力のことを意味します。主権が国民にあるとするのが「国民主権」・「主権在民」なのです。

国民の厳粛な信託とは

「信託」とは、信託された者（**受託者**）は信託した者（**委託者**）の意思に反しないように、その信託された財産や業務を管理しなければならないという拘束を受けるものです。

そこで、「国政は国民の信託によるもの」とは、国政は本来国民のものであり、国政の権力を行使する者のものではありません。

権力を行使する者は、その権力を国民から信託されたものであり、国民からの信託に背かないように、その権力を行使する責任を負うものです。

さらに、「その権威は国民に由来し、その権力は国民の代表者がこれを行使し、その福利は国民がこれを享受する。」と続いています。

日本国憲法第1条

日本国憲法第1条は、左の下のとおり定められています。

この条文は、日本国憲法の第1章「天皇」にある条文の一つです。「天皇の地位」と「国民主権」について規定したものです。

日本国憲法には、国民ないし、国民主権と題する章はありません。この第1条と日本国憲法前文が日本国憲法の一つの理念的支柱である「国民主権」の根拠条文となっています。

71

第1編 「2％の消費税」に改正する

32 税制は国民が決めるもの

租 税 法 の 憲 法 の 規 定

① 納税者主権主義（前文、30条）

② 租税法律主義（30条、84条）

③ 租税平等主義（14条）

出所：松沢智著「租税法の基本原理」P42より抜粋

納 税 者 主 権 主 義 と は

「納税者主権主義」は国民主権主義の考えに基づき、国民
代表による立法により、租税法規が国民の意志に基づいて
制定され、かつ、主権者全員が誠実に負担するという面と、
その租税によって生ずる効果は国民に帰属するという面と
の両面性をもつ。

出所：同上　P44より抜粋

第4章　税制改正のあるべき姿

　松沢智先生は筆者の恩師です。日本税法学会でめぐり合い、学会が京都の国際会議場で開催された後に、松沢先生と筆者の二人で、何度もお酒を酌み交わしました。先生は「五橋」がお好きでした。筆者は松沢先生の弟子として、筆者の「税法学」の一生のバックボーンとなっています。

　とは言え、松沢先生の著書を完全に読みこなしてはいない不良の弟子です。

　松沢先生の略歴は、国税不服審判所審判官、東京地方裁判所判事、日本大学法学部教授、「税理士よ法律家たれ」と全国の税理士に講演をされました。

租税法の憲法規定

　松沢理論の一つの根幹として、「租税法の最高の法原則、租税法の基本原則たりうるものは、憲法規範から直接導かれる原理であって、しかも、租税法の根底にあるもの、すなわち、正義の理念に由来するものでなければならない」とされ、憲法に基礎を置くものでなければならないと宣言されています。

　その内容が、左の図表の上の3つです。

納税者主権主義とは

　「**納税者主権主義**とは、要するに、国家それ自体が国民の幸福追求確保の手段として創設されたものであるから、その国家の存続、活動に必要な費用は、主権の存する国民の代表による立法により、国民の意思に基づいて制定された租税法規の定めに基づいて誠実に負担するとともに、その租税による効果はすべて国民が享受するという原則をいう。憲法の根本原則である国民主権主義に由来する。」と述べておられます。

租税は国民の意思により制定

　ポイントは、「租税法規は、国民の意思に基づいて制定され」、主権者全員が誠実に負担し、効果は国民が享受するということです。

73

第1編 「2％の消費税」に改正する

33 「2％の消費税」を選ぶのは国民である

国民が主権者であるので、
税法は国民に決定権がある。

国民の代表とし政治家
を選ぶ。
税法の内容につき国民
は信託していない。

現行法と比較して、
「2％の消費税」を
選択する。

課税当局が作成し提案す
る税法を決議している。

「2％の消費税」に改正
するように、政治家に
働きかける。
あるいは、新しい政治
家を選ぶ。

現行の選択ミスの消費
税法になる。

「2％の消費税」に改正
される。

税制は国民が決めるもの

税制の制定に当たっては、本来は主権者である国民が税法を決定し、その委託を受けた政治家が国民の信託に背かないように議会により定めるものです。

同様に税制の改正も、国民に決定権があり、国民の決定に従って、改正法案が成立するものです。

つまり、あなたの力で改正が実現できるのです。

とは言え、国民には税務知識が乏しいため、税法の制定なり改正を独自に判断することは無理な話です。そこで税理士が改正案等を提供する必要があるのです。

政治家に信託していない

左の図表の左側の流れです。

選挙によって、国民の代表として政治家を選びます。

ところが、税法の内容につき、国民が決定し、それを政治家に「信託」してはいません。

政治家は当選したら、国民から全権の白紙委任を受けたものと勘違いして、国民の意見を聞くことなく、政治家の所属する政党や派閥の考え通りの行動をします。

そこで、課税当局が作成し提案する税法を決議しています。

現行の消費税法には、当初からの選択ミスがあり、巨額の〔返る税〕を生じさせています。

「２％の消費税」を政治家に信託する

ようやく「２％の消費税」の改正案が出てきたので、国民の皆様から賛同が得られれば、この改正案を政治家に初めて「信託する」ことになります。

政治家（受託者）は、国民（委託者）からの意思に反しないよう行動する拘束を受けますから、「２％の消費税」の改正が実現するのです（31）。

これが左の図表の右側の流れです。

第1編 「2％の消費税」に改正する

34 税制は毎年改正するものではない

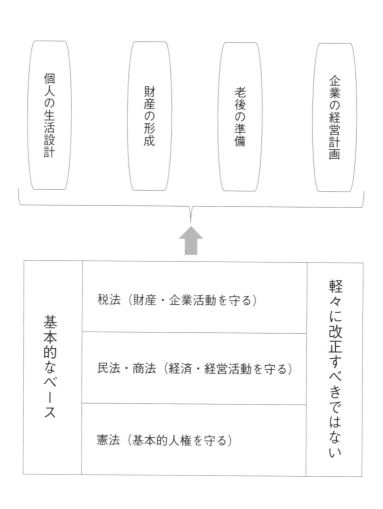

スポーツのルールが毎年変わったら

　今は、野球だけでなく、サッカーやバスケットボールもプロスポーツができ、盛んになっています。これらのスポーツには、それぞれルールがあって、全員がそれを守って試合をしています。当然、日ごろの練習も、ルールに従うようにトレーニングをしています。

　このスポーツのルールが、毎年コロコロ改正されたらどうなるでしょうか？　ルールを変えることは、混乱を生じさせるものです。

法律を基本に生活している

　人間が社会生活を営んでいけるのは、共通の法律のベースがあるからです。

　憲法や民法や商法の規定を全員が守っているから、商取引や生活が成り立っているのです。たとえば、物の売り買いでさえ、契約のベースがないと成立しません。

　税法も納税者を守る法律なのです。

　この税法をベースに、個人の財産を守り、企業活動のプランニングをしているのです。

　左の図表の上のとおり、税法を含めた法律体系をベースとして、「個人の生活設計」「財産の形成」「老後の準備」「企業の経営計画」等を立案して生活をしているのです。

　この土台となる税法を含め法律をガタガタ変えてはすべてが狂ってしまいます。

税制は毎年改正するな

　特に税制は毎年改正をしていますが、もってのほかで毎年の改正は止めるべきです。

　政策は財政支出でするべきであって、財政収入を改正するのは厳禁とすべきです。

　10年に１回の改正でも早すぎるくらいです。

第1編 「2％の消費税」に改正する

35 税制を政権・与党が決める権限はない

大まかな税制改正の流れ

8月頃	各省庁から「税制改正要望」が提出
9月～10月頃	政府税制調査会の議論 （中、長期的視点から税制のあり方を検討）
11月～12月頃	与党税制調査会の議論 （毎年度の税制改正を検討）
12月中旬	与党が「税制改正大綱」を発表
12月下旬	政府が「税制改正大綱」を閣議決定し、発表
2月頃	国税は財務省、地方税は総務省が改正法案を作成
3月頃	改正法案が国会に提出され本会議で審議され、可決
4月頃	改正税法が施行

税制改正は毎年の行事となっている

左の図表は毎年行われている税制改正の流れです。

各省庁から「税制改正要望」が提出され、政府税制調査会で議論され、次いで与党税制調査会の議論が始まり、12月中旬に与党が「税制改正大綱」を発表して、年末に「税制改正大綱」を閣議決定をし、発表します。ほぼこれで改正作業が終わりとなります。

具体例として、バラマキの「一人当たり4万円の定額減税」の改正案が、突然に令和5年末の閣議決定に放り込まれ、スルリと改正されました。岸田首相の単独プレーと思われますが、許されないことです（36）。

前項で述べたとおり、税制は経済のルールだから毎年改正すべきではありません。このような仕組みを取りやめる時期に来ています。

主権者である国民不在で進められている

主権者である国民に決定権があるにもかかわらず、国民は「蚊帳（かや）の外」に置かれ進められています。

国民の方も、江戸時代から続く、「税はお上が決めるもの」との考えが支配しており、まさか国民に決定権があるとは、思っていないのでしょう。

左の流れを見ても、当然視して不平・不満を誰1人口にしません。そろそろ、ブレーキを踏む必要がありそうです。

政府・政治家も何でも出来ると勘違い

選挙前は国民に頭を下げてお願いして置きながら、当選すると「国民の支持を得た」と思い込み、「国民から白紙委任状を受け取った」ごとく政治活動をします。

国民の方も政治家に「信託」する「改正案」もなく、また、チャンスも与えられなくて、何の「信託」もしておりません。

それを見透かした政府・政治家が「やりたい放題」の行動をしているのです。

第1編 「2％の消費税」に改正する

36 税制を政策の道具にしてはならない

出所：中国新聞2023年10月25日掲載

| 63円 |
| 10/1 以降 |
| 85円 |

郵便はがき

732 - 0064

(受取人)

広島市東区牛田南 1-8-39

税 理 士 　 黒 木 貞 彦 　 行

ご意見・感想をお書きください。

この QR コードからも
賛同署名ができます。

＝ ご賛同のいただける方のみ返送ください ＝

税理士　黒木貞彦　宛

「２％の消費税」の改正に賛同するので署名を提出する。

（　　　　　年　　　月　　　　日　）

フリガナ お名前 （必須）	
ご住所 （必須）	〒　　　　　　　　　　　　　　　都道 　　　　　　　　　　　　　　　　府県
ご職業 （任意）	○印表示 ・税理士　・弁護士　　・その他 -
電話番号 （任意）	
メール （任意）	

この書面は署名活動のみに使用します。

第4章　税制改正のあるべき姿

　令和6年度税制改正法は、3月28日に成立、3月30日に公布され、4月1日から施行されています。6つだけピックアップします。

　ア、所得税・住民税合わせて1人4万円を定額減税
　イ、1人当たり1万円まで飲食費は全額損金算入
　ウ、子育て・若者夫婦世帯の住宅ローン控除を拡充
　エ、子育て世帯の住宅リフォーム税制の拡充
　オ、住宅取得等資金贈与の非課税措置の延長等
　カ、相続時精算課税の特例の延長

税制を政策に使うな

　税制は歳入が柱であって、収入の基本は変えず、政策は国会の予算審議によって財政支出で行うべきものと考えます。

　前35項で述べましたが、左の社説のとおり、場当たり的な歳入にかかわる減税はやめるべきです。

　左の記事は、岸田首相が、令和5年10月24日に、11月2日の閣議決定に「所得税減税を含める」と答弁しました。

　この所得税減税が上記のアで税制改正されているのです。1人の首相が考えた政策が、何の歯止めもなく、税制が改正される危険な政治になっています。

バラマキ減税は止めろ

　左の記事の最後に、「政権のイメージを払拭し、低迷する支持率の回復につなげたいとの思惑があるとも言われる」とあるように、あまりにもひどい**政策減税**です。

　この所得減税決定の欠陥は、首相の単独の決断である点で有識者や国民の意見が全く反映されていない点にあります。

毎年の税制改正は厳禁にすべき

　経済のルールである税制を時の政府が政策に使ってはなりません。そろそろ慣例を改めるべきです。毎年の**税制改正**をやめるべきです。

第1編 「2％の消費税」に改正する

37 国民の意思を伝える場が必要

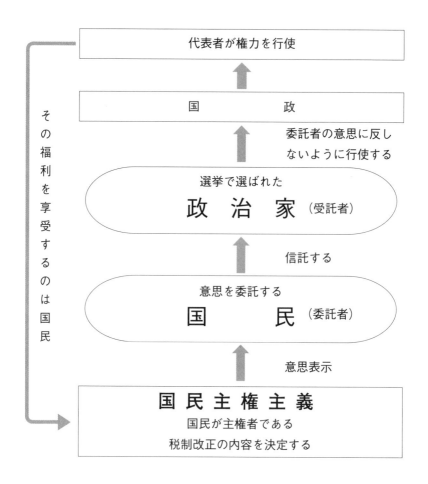

政治家のクオリティーを高める

当選すれば天下人のごとく、勝手気ままに行動しているように見受けられます。

自己の名声を得ることと、裏金の収集に動いているようです。

もっと政治家のクオリティーを高める必要があり、各政党が公認する時に審査を強化するべきでしょう。

政治家は国民の福利のために視点を置いて活動する人を選ばなければなりません。

松下政経塾のような団体がもっとたくさんできれば人材の教育・育成ができるでしょう。

税制改正の構成

この章のまとめを左に表示します。下から、国民が主権者であり、税制改正の内容を決定します。

そして国民が意思表示をして、その実現を政治家に委託します。

選挙で選ばれた政治家は受託者となって、委託者の意思に反しないように、国政での行使をします。

国政で税制改正が実現すれば、政府の代表者か権力を行使し、その得られる福利は国民が享受するように、構成されています（31）。あくまでも、政治家は国民から「受託者」の立場にすぎないのです。

肝に命じてください。

国民が意思を表明する場がない

左の図表の中で、国民は「どのように」「どこで」意思を表示するのか、その場がどこにもないのです。

総選挙の争点になれば、それはラッキーですが、何時も総選挙はありません。

日常的に国民の意思を集約する場の設定が必要のようです。

次項で検討します。

第1編 「2％の消費税」に改正する

38 日本税制会議のシステムを構築する

大原則	①税制は基本的に改正しない
	②税制を政策に使わないこと
	③どうしても改正が必要なものを取りまとめる

国民から税制改正の意見を広く募集

マスコミ	消費者団体	税制改正意見書を
経済団体	商工会議所	→ 提出
業界団体	生活協同組合	

提案

国の予算 →

| 日 本 税 制 会 議 （ 仮 称 ） | 各種資格者の |
| 各部会で意見を取りまとめ 重要事項のみを審議・決定 | 代表で構成 |

国家の要請 →

日本税制改正基本方針（仮称）を
インターネットに公開し、国民の賛否を尋ねる

賛同が多数のものを指示し決議させる　→　マスコミに公開

| 政府・全政党 に伝達する | 国・地方の各 省庁に配布 |

84

第4章　税制改正のあるべき姿

　以下は、世直シ作家の筆者の私見です。確定したものではありません。

　これは、税制改正の主導権を国民に取戻すための構想です。

　生煮えですが「志」だけをくみ取ってください。

「日本税制会議（仮称）」を作る

　左の図表の丁度まん中に書いているころです。完全に民間の団体ですが、事業は国民のためのものですから、国家から予算がもらえればうれしいです。

　それがダメなら、寄付金を集めることになりますが、そうなると、業界団体等の圧力がかかり、今の裏金に発展すると思われます。

　この「日本税制会議」の構成員は、税理士を中心とし、公認会計士、弁護士など、各種資格者の集団を集めます。国民の代表も参加いただけたら良いと思います。このように考えますと、最初は税理士会の中に機関として発足することも考えられます。

税制改正の意見を広く募集

　図表の上のほうですが、各種団体から希望があれば「税制改正意見書」を提出してもらいます。

　これを「日本税制会議」で各意見を取りまとめ、審議し、決定します。これをインターネットで公開し、広く国民の皆様の賛否を集計し、賛成の多いものを、一番下の政府・政党に伝達し、改正を実現するという構想です。

この構想の大原則

　左の図表の一番上に揚げましたが、3つほどまとめました。

　ア、税制は基本的に改正をしない。社会の動向にマッチしなくなれば改正する。悪法は改正する。

　イ、税制を政策に使わないこと。政策税制はすべて廃止する。租税特別措置法は期限がきたらすべて廃止する。

　ウ、どうしても改正が必要なものを日本税制会議で取りまとめる

85

第1編 「2％の消費税」に改正する

コラム4

非課税取引（1）課税になじまないもの

国内において行われる資産の譲渡等のうち、次に掲げる非課税取引については消費税は課されない。		消法6① 消法別表一

	非課税取引の類型	留　　意　　点	
消費税の性質上課税になじまないもの	土地の譲渡、貸付け等	・土地の貸付けのうち期間が1月に満たない場合及び駐車場その他の施設の利用に伴って土地が利用される場合は非課税とはならない。	消令8
	有価証券、支払手段の譲渡等	・ゴルフ場その他の施設の利用に関する権利の譲渡は非課税とはならない。	消令9②
		・収集品又は販売用の支払手段の譲渡は非課税とはならない。	消令9③
		・平成29年7月1日以後に行う仮想通貨の譲渡は非課税となる。	消令9④
	利子を対価とする貸付金等	・主に、利子、償還差益、信用保証料、信託報酬、保険料、収益分配金、給付補填金、掛金差益、割引料などが該当する。	消基通6-3-1
	郵便切手類、印紙の譲渡	・郵便事業株式会社及び郵便局株式会社の営業所等が行うものが非課税となる。	消基通6-4-1
		・金券ショップ等が行うものは非課税とはならない。	
	物品切手等の譲渡	・例えば、商品券、ビール券、図書券、プリペイドカード等が非課税となる。	消基通6-4-4
		・物品切手等を発行し交付した場合に収受する金品は、資産の譲渡等の対価に該当しない。	消基通6-4-5
	住民票、戸籍抄本等の行政手数料等	・主として国や地方公共団体が取り扱う法令の定めに基づくものに限る。	消基通6-5-1、6-5-2
	外国為替業務	・外国為替取引、対外支払手段の発行、対外支払手段の売買又は債権の売買（本邦通貨をもって支払われる債権の居住者間の売買を除く。）が該当する。	消基通6-5-3

出所：令和5年度版税務インデックス（税務研究会出版局）253頁

第5章　改正への行動プラン

①「2％の消費税」に賛同してもらう

　消費税が導入されて、35年目を迎えていますが、消費税の批判は断片的にはあるものの、全体の「改正案」が全く提供されていませんでした。「改正案」がなければ、国民はどのように改正するかの選択ができません。

　遅きに失する感はありますが、それでも悪法を改正しなければなりません。今回、「2％の消費税」の改正案を提案します。まず、本書を読んでいただき、皆様方に賛同を得なければなりません。

②「令和の百姓一揆」を起こす

　国民が主権者ですから、「2％の消費税」の選択権は国民にあるのです。

　国民の皆様が、声を出して、「消費税を改正する」とたくさんの人を巻き込んで「令和の百姓一揆」を起こしましょう。日本全体の国民運動にするのです。

③マスコミを総動員する

　「令和の百姓一揆」が進展すると、マスコミも重い腰を上げるでしょう。マスコミを総動員すれば、政治家も動かざるを得なくなります。

④衆議院選挙の争点にする

　次期衆議院選挙の一大争点にして、選挙を展開してもらえれば、消費税の改正を実現する議員が選べます。

　超特急で改正が実現します。

第1編 「2％の消費税」に改正する

39 「2％の消費税」に賛同してもらう

折込みハガキによる署名活動

本書に折込みしているハガキに「2％の消費税」に賛同して下さる方の署名を頂き、筆者が集計し、集まった人数をネットで公開します。

インターネットに公開し、賛同の方を募集

最も適切なネットを活用し、「2％の消費税」に賛同して下さる方を募集します。

ネット署名はこちらから　→　

本書をPRして頂き拡販する

口頭での説明では不十分なので、本書をPRして頂き、拡販にご協力ください。

何はともあれ、現行より良い「消費税の改正案」を選定しなければ、現行批判をするだけでは、永久に変わりません。

「2％の消費税」の代替案がなければ、この改正案に賛同してもらうことから始まります。

本書に折込みハガキを入れる

本書に折込みしているハガキに「2％の消費税」に賛同して下さる方の署名をいただき、筆者が集計し、賛同者の人数をHPに公開します。

折込みは出版社のほうでしていただき、ハガキの切手代は署名者にご負担をしていただきます。

インターネットに公開し、賛同の方を募集

筆者の勉強不足ですが、SNSやYoutubeがよくわかりません。最も最適なネットワークを活用し、「2％消費税」を公開すると共に、賛同してくださる方を募集し、人数を公開します。

筆者のネットは一般的なホームページのことで、これではあまり浸透しないと思われます。

ネットに強い人のお力添えを頂きシステムを構築いたします。

当初のコストは値段次第ですが、筆者が負担します。

本書をPRして頂き拡販する

当初は、消費税の改正の8ページくらいのパンフレットを作成する気軽な気持ちで臨みました。実際に着手しますと、消費税法が所得税法や法人税法に並ぶ、ジャングルのような、巨大な税法になっており、とても小冊子に収まらないことが判明し、本の出版に至りました。

「2％の消費税」を口頭の説明では十分ご理解いただけませんから、購読いただきたいと思います。本書をPRしていただき拡販にご協力ください。

最近では出版業界は不況のため、著者に印税も入らず、買い取りや新聞広告の宣伝費まで著者が負担します。少々の負担は、世直シのためですから覚悟して取りかかっております。

第1編 「2％の消費税」に改正する

40 あなたの声で税制は変えられる

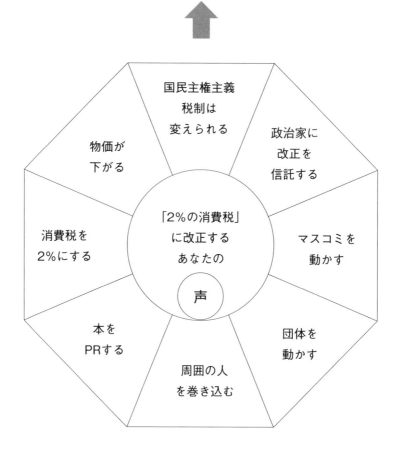

あなたが主人公です

　国民主権主義とは主権者は国民であり、国民が税制の決定権を持っているのです。

　それは十分理解できるのですが、一体どうすれば税制を決定できるのでしょうか？　今回は現行消費税法の改正案になりますが、どこにも改正案がなければ、国民は比較検討をできないし、選択もできません。

　これまでは現行の消費税を批判し、「消費税は悪法だ」「直ちに廃止せよ」などかけ声ばかりで、改正案の提示がありませんでしたから、改正されず今日まで続いて来たのです。

　今回「２％の消費税」が提案され、はじめて主権者として改正が主張できるようになったのです。

　「２％の消費税に改正する」と、あなたが声を出せば、社会が良くなるのです。

　あなたの力で「２％の消費税」に改正できるのです。

周囲の人を巻き込んでください

　「消費税を２％にして、物価を下げましょう」と周囲の人を巻き込んでください。

　どういうことかと尋ねられたら、この本をPRしてください。

　周囲の人は、ご両親、兄弟、友人、知人、八百屋さん、お肉屋さん、スーパーマーケット、隣の人、サークル、とにかく出会った人に「２％の消費税に改正しよう」と声をかけてください。口コミ作戦です。

好みのチャネルから進めてください

　左の図表のように、あらゆるチャネルがあります。

　あなたの声はどんどん拡がっていき、やがて大きな輪になって、「世論」にまで高められていきます。

　そうするとマスコミも動き出します。さらに大きな輪になって日本全体を包むと、確実に改正は実現します。

第1編 「2％の消費税」に改正する

41　改正の輪を拡げてマスコミを動かそう

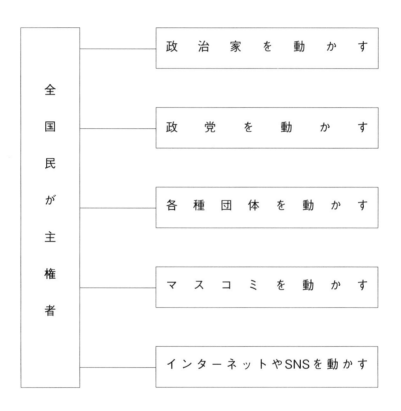

第5章　改正への行動プラン

新聞社は軽減税率で動き難い

19項で8％の軽減税率を述べておりますが、8％の対象品目は飲食料品だと思い込んでいます。

もう一度確認してみます。

軽減税率は、次のアとイの品目の譲渡を対象としています。

　　ア、酒類、外食を除く飲食料品

　　イ、週2回以上発行される新聞（定期購読契約に基づくもの）

このように、定期購読契約に基づく新聞が8％になっているのです。

おそらく、税率が10％になるときに、新聞業界が政治運動をして、8％のまま据え置いたのでしょう。

そんな過去の流れがあって、現行の消費税についての批判などの掲載には自動的に網がかかり、掲載が難しいようです。「言論の自由」の我が国にも暗黙の報道規制があるのです。

今回の「消費税の改正」についても、よほど世論が改正に傾いて、最後の最後に新聞が動くと思われます。

週刊誌に掲載をお願いする

その点、週刊誌は新聞ではありませんから、堂々と消費税の改正に踏み込んでもらえると思いますが、どのようなハードルがあるか、想定できません。

ただ、消費税の改正の最大の理由に「益税」をはるかに凌ぐ［返る税］をぶつけています。［返る税］は事業者が「公金着服」していることを理解していただければ、週刊誌のキャッチコピーとしては最適な素材です。問題は各週刊誌さんの視点が「国民・大衆」に向けられているか？　どうかです。

あらゆるネットを通じて展開

筆者の弱い部分ですが、皆様方のお力添えによって、現代の最先端の武器を最大限活用したいと思います。

第1編 「2％の消費税」に改正する

42　免税事業者はサバイバルをかけて闘おう

```
┌─────────────────────────────────────────┐
│ 税法はお上が決めるものと勘違いしている      │
└─────────────────────────────────────────┘
```

```
┌─────────────────────────────────────────┐
│ 税法は国民の力では改正できないと思い込む    │
└─────────────────────────────────────────┘
```

```
┌─────────────────────────────────────────┐
│ 抵抗せずに、課税当局の決めたままを受け入れて │
│ いる                                     │
└─────────────────────────────────────────┘
```

```
┌─────────────────────────────────────────┐
│ 不満の声をあらゆる機会を通じて、発信しよう。 │
│ 税制改正も国民に決定権がある。             │
│ あなたの声で改正ができる。                 │
└─────────────────────────────────────────┘
```

94

サバイバル（survival）とは困難な状況を切り抜けて生き延びること。生き残ること。生き延びること。助かること。残存。という意味です。

政府の用意したアメは６年で消える

インボイス制度の導入は、免税事業者の排除が目的なのです。

政府・課税当局は、そのことを伏せて、あたかも免税事業者の味方のようにジェスチャーをしています。

課税事業者が免税事業者を切捨てないように、買手に80％・50％控除の経過措置を設けています（75）。

しかしこの措置も６年で切れるのです（79）。

「インボイス導入と免税事業者の優遇措置」につきましては、第８章を参照してください。

免税事業者はサバイバルの闘いをする

問題となるケースは、免税事業者の商いが、課税事業者が主力のお客様であれば、切捨てになる可能性が大きくなります。

この場合は、サバイバルのために「２％の消費税」の改正に声を上げてください。

ところが、一般の消費者が中心の商いで、たとえば、惣菜屋、大衆食堂、ラーメン店、学習塾、スポーツクラブなどであれば、事業者からクビになっても影響が少ないですから、安心してください。生き残れます。

その場合でも、お客様が減るのはイヤですから「２％の消費税」に改正すれば、全方位でお客様が増やせますので、事業の発展性が高まります。

「２％の消費税」を日常会話にする

免税事業者の方は朝から晩まで働きづめです。時間の余裕はありません。

それでもお客様との日常会話はできるでしょうから、親しいお客様との日常会話で、「２％の消費税」を話題として、声を上げ続けてください。必ず改正が実現します。

第1編 「2％の消費税」に改正する

43 「2％の消費税」を政治家に信託する

これまで政治家に 信託していない（33）	「2％の消費税」を はじめて信託する
選挙で選ばれた政治家は、国民から全権の委任を受けたものと勘違いをする 税制の決定や改正も国民の意見を聞かず、課税当局の提案に賛成し、決議している 常に選挙民の国民の意見を聞いて政治活動をしなければならないが、実現していない	この度、消費税の改正案として「2％の消費税」が公表された。 これに賛同すれば、あなたが選んだ政治家に、「2％の消費税」に改正することを信託する 現在の政治家が改正に向けて行動しないのであれば、改正を実現する政治家を選ぶようにする

「２％の消費税」に賛同がいただけたら、周りの人に「消費税を改正しましょう」と声をかけ合ってください。

その声が拡大してゆき「消費税を改正する世論が形成され」始めるとマスコミも動き出します。

その後、早晩、政治家の先生にご尽力いただかなければ改正が完了できません。

これまで政治家に信託していない

左の図表の左側のほうです。

選挙で選ばれた政治家は、国民から全権の委任を受けたものと勘違いをします。

国民のほうは、政治家に白紙委任状を出したつもりはなく、重要な案件については選挙民の意見を聞いた上で、権利の行使をして欲しいと思っています。

しかし、税制の決定や改正も国民の意見を聞かず、課税当局の提案に賛成し、決議をしています。

政治家の後援会の改革

政治家の後援会は、「選挙資金を集める」ことと「票を集める」ことが主な事業になっています。

この後援会に、たとえば、「政治活動の注文箱（ポスト）」を設けて、書面を集められるなど、「選挙民の意見を受付ける機能」を明確にして、意見を集め、その結果で政治家が政治活動をするように、「政治活動のバックアップ機能」をつけ加えることを提案します。

政治家に「２％の消費税」を信託する

選挙で選んだ政治家に、「２％の消費税」に改正するように信託してください。

その政治家が、改正に向けて行動しない場合には、次の選挙で、新しい政治家を選任します。

第1編 「2％の消費税」に改正する

44 消費税の改正を次の衆議院選挙の争点に

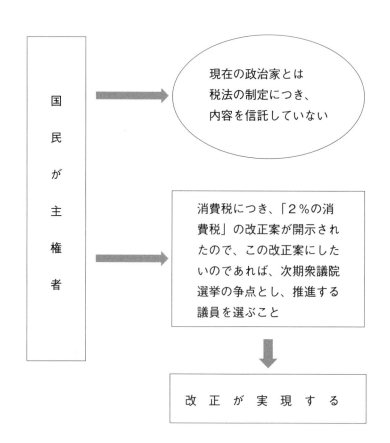

98

衆議院選挙はいつになる

　一寸先は闇の世界と言われる通り、政局の動きは読めません。

　「風雲急を告げて」おり、自由民主党内では次期総裁を巡って、思惑が入り乱れています。

　政権を任せられる第2の政党の受皿がなくて、国民が動けなくなっています。

　執筆の日は令和6年5月26日です。衆議院議員の補欠選挙が終わり、自民党が島根1区で負けて、通常国会の会期末の6月解散は遠のいたようです。

　自民党の総裁の任期満了日は令和6年9月末日。

　衆議院議員の任期満了日は令和7年10月30日になっています。

　中国新聞2024年5月12日の記事によりますと、「ポスト岸田」の候補は9月の総裁選を主戦場と見据え、6月の国会閉幕ごろまで、様子見を決め込みそうだ。と掲載されています。

　この見解によりますと、9月の総裁選までは衆議院選挙はないことになります。

「2％の消費税」を衆議院選挙の争点に

　現在の政治家とは、国民は消費税法の改正について、何ら信託しておりません。

　本書の出版を急いでおりますが、8月になろうかと思います。

　次回の衆議院議員の選挙の争点として、「2％の消費税」を取り上げて欲しいのです。

　筆者の提案には［返る税］がくっついているので、国民の反発が厳しくなり、現行の消費税への廃止のボルテージが上がり、争点になりやすいと思われます。

改正が実現する

　そして、「2％の消費税」に改正を推進する議員を選んでいただくと「2％の消費税」が超特急で改正されることになります。

45　能登半島被災支援「2％の消費税」を導入

2 人的・住家被害等の状況（消防庁情報：6月4日14:00現在）
(1) 人的・住家被害

| 都道府県 | 人的被害 | | | | | | | 住家被害 | | | | | |
	死者	うち災害関連死	行方不明者	負傷者 重傷	負傷者 軽傷	負傷者 小計	合計	全壊	半壊	床上浸水	床下浸水	一部破損	合計
	人	人	人	人	人	人	人	棟	棟	棟	棟	棟	棟
新潟県				5	44	49	49	106	3,106		14	20,419	23,645
富山県				5	45	50	50	247	766			18,584	19,597
石川県	260	30	3	326	876	1,202	1,465	8,071	16,577	6	5	57,053	81,712
福井県					6	6	6		12			752	764
長野県						1	1					18	18
岐阜県					1	1	1						
愛知県					1	1	1						
大阪府					5	5	5						
兵庫県					2	2	2						
合計	260	30	3	336	980	1,316	1,579	8,424	20,461	6	19	96,826	125,736

※新潟県の公表資料において新潟市の住家被害（罹災証明申請数）は本表に反映していない
※富山県の公表情報において住家被害の「未分類」と表記されている名情報は本表に反映していない
※石川県の死者数は石川県の公表資料に基づく

《死者の内訳》
【石川県】七尾市５人、輪島市１１２人、珠洲市１１１人、羽咋市１人、志賀町２人、穴水町２０人、能登町９人

出所：内閣府防災情報HP
　　　令和6年能登半島地震に係る被害状況等について

聴行庵住職。聖照院住職。天台宗系阿闍梨・看取り士の**東和空<ruby>東和空<rt>ひがし わ くう</rt></ruby>師**に筆者が「２％の消費税」の活動をしたいとお話をしました。

しばらく経って、お逢いしたところ、東和空師は、「**能登半島被災地**に先ず『２％の消費税』を導入したら良い」と言われました。

被災地を特定して導入が可能かどうか不明ですが、筆者も賛同したのでここに掲載します。

甚大な被災状況

左の表は、内閣府防災情報ホームページ非常災害対策本部に掲載された「人的・住家被害等の状況」です（2024年６月４日現在）。

人的被害の死者は石川県のみで「260」人となっています。

負傷者は、新潟県、富山県、石川県の３県が多く、その他４県１府に及んでいます。

住家の被害は、全壊から一部破損を含めますと、石川県が81,712棟、新潟県が23,645棟、富山県が19,597棟となっています。他に福井県764棟、長野県18棟の全合計125,736棟です。

住家の再建に多額の費用がかかる

おびただしい住家の被害で、被災建物の撤去、整地、建築、補修等々、多額な費用がかかります。この支出に対し、10％の消費税を支払うのは酷な話です。

各種、補助金や支援金、非課税措置などが準備されているでしょうが、消費税は２％にして試験導入できれば良いと思います。

食料品や生活物資も２％に

現行の10％では、８％は事業者が［返る税］で着服し、２％分しか納税されていないのですから、「２％の消費税」にするのが本来の姿です。

被災地の方々は日々の生活にお困りでしょうから、生鮮食品、食料品、パン、菓子類、調味料、調理器具、衣類、等々が「２％の消費税」で買えれば、助かることでしょう。

第1編 「2％の消費税」に改正する

コラム5

非課税取引（2）社会政策的配慮によるもの

社会政策的配慮によるもの	社会保険医療等	・健康保険法等の規定に基づく療養、医療若しくは施設療養等が非課税となるが、これらに該当しない医薬品の販売又は医療用具の販売等は非課税とはならない。	消基通6-6-2
	介護保険サービス、社会福祉事業等	・介護保険法に基づく居宅介護サービス費の支給に係る居宅サービス等や、社会福祉法に規定する第一種社会福祉事業等が該当する。	消基通6-7-1、6-7-5
	助産	・医師、助産師、その他医療に関する施設の開設者による助産に係るものが該当する。	消法別表1八
	埋葬料、火葬料	・埋葬料及び火葬料を対価とする役務の提供が該当する。	消法別表1九
	身体障害者用物品の譲渡、貸付け等	・身体障害者の使用に供するための特殊な性状、構造又は機能を有する物品で一定のものの譲渡又は貸付け等が該当する。	消基通6-10-1
	一定の学校の入学金、授業料等	・幼稚園、小学校、中学校、高等学校、大学等における入学金、授業料、受験料等が該当する。	消基通6-11-1
	教科用図書の譲渡	・学校教育法に規定する教科用図書の譲渡が該当する。	消基通6-12-1
	住宅の貸付け	・貸付けに係る契約において人の居住の用に供することが明らかにされている場合（契約において貸付けに係る用途が明らかにされていない場合に状況からみて人の居住の用に供されていることが明らかな場合を含む。）。	消法別表1十三
		・住宅の貸付けに係る期間が1月に満たない場合及び当該貸付けが旅館業法に規定する一定の施設の貸付けに該当する場合等は非課税とはならない。	消令16の2

出所：令和5年度版税務インデックス（税務研究会出版局）253・254頁

第2編　現行の消費税法は廃止する

　第1編で、現行の消費税法の問題点を9項から15項で述べていますが、この第2編ではさらに深く掘り下げています。

　現行消費税法は導入した当初からシステムに欠陥があり、その驚愕の実体を究明しております。

　そして、その欠陥の結果、事業者に130兆円もの［返る税］を生じさせている実体を述べております。

　本書による以上の公表によって、現行の消費税法は確実に、廃止せざるを得なくなります。

①第6章では、「驚愕の実体」

　前半で、現行の消費税が破綻した原因を述べています。

　事業者が納税を予定する［売上税額］の合計と消費者が負担する消費税の額が等しくなる算式を筆者は「夢の算式」と呼んでいます。

　これは単に机上の空論に過ぎません。

　事業者の「売上税額」は、これから「仕入税額」を控除しますから、納税額ではないからです。

　何の意味もない**「夢の算式」**です。

　税の累積排除を名目に「税額控除」をするのですが、公金である預かった消費税「売上税額」から控除をするので、「公金着服」となり、犯罪行為になるのです。

　当初、消費税を導入するときに、「世界の付加価値税」を見本としたのですが、これが誤った設計だったのです。この選択が誤りで「取引高税」を選択すべきあったのです。筆者は「選択ミス」と呼んでいます。

　35年もこの誤った現行消費税が維持されたのは、国民に対して

消費税の改正案がなかったため、比較検討ができなかったことと、財界には多額の［返る税］が入るため改正の要望がなかったからです。

この責任は税の専門家である税理士にあります。

②第7章では、「返る税の実体」

事業者は納税額の4倍にもなる［返る税］を着服しています。

また、免税事業者の［益税］が最大2兆円と試算されます。

このように、現行消費税は完全に**破綻**しているのです。

③第8章では、「インボイスの目的」

「誰にも何も良くならない」インボイス制度が導入されました。事業者に膨大な事務負担を強制するもので、何ら実益のない制度です。

インボイス導入の目的は免税事業者の排除にあるのですが、約61％の免税事業者はインボイス発行事業者にはならず、目的は達成されていません。

課税当局は、免税事業者への優遇措置を盛り込みましたが、やがて6年後には免税事業者は抹殺されます。

④第9章では、「インボイス廃止のメリット」

インボイス制度の廃止により、小規模事業者が生き残れ、メデタイことです。

事業者の事務負担がゼロになり、経理担当者も税理士もホッとできます。

また、帳簿やインボイスのゴミの山がなくなるので、大助かりです。

第6章	消費税法の破綻原因と維持された理由

① 「税額控除」は犯罪行為である

税の累積は、**納税者が許容**すれば、何も問題はありません。

「税額控除」をするのは、受取った消費税の公金から差し引くことですから、事業者の「公金着服」となり犯罪行為なのです。

②誤っていた「世界の付加価値税」

現行の消費税は「世界の付加価値税」を見本として、創設されました。実は、その見本が誤って設計されていたのです。

「世界の付加価値税」を導入せずに「取引高税」を選択すれば良かったのです。その意味で筆者は「選択ミス」と言っています。

③財界人は沈黙

大企業は多額の［返る税］を着服しているので、現行の消費税には不満がないのです。**財界人**が反対しない消費税を、政治家が改正するはずはありません。

④税理士の怠慢

税法の番人としての税理士がいち早く現行の消費税の破綻を見抜くべきところです。

しかし、まさか「世界の付加価値税」が狂っていたとは思いもよらぬことで、誰も核心に踏み込まなかったのです。

この不始末は税理士の責任です。申し訳ありませんでした。

第2編　現行の消費税法は廃止する

46　（原因1）夢の算式「納税額の合計＝負担額」

国税庁　資料

消費税の負担と納付の流れ

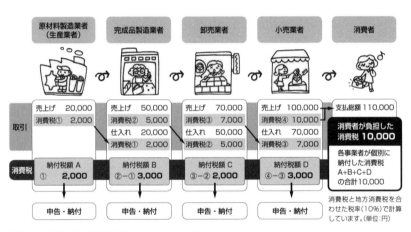

出所：国税庁HP「消費税のあらまし」1頁

第6章　消費税法の破綻原因と維持された理由

　左の図表はおなじみの国税庁のホームページ「消費税のあらまし」の1ページに書かれているものです。

　この図表で強調されているのが右側にあるとおり、「消費者が負担した消費税10,000」＝「各事業者が個別に納付した消費税A＋B＋C＋Dの合計10,000円」という部分です。

　この算式を筆者は「夢の算式」と呼んでいます。

　これは売上原価の部分を繰り抜いた「税額控除を正当化する見せかけ」にすぎません。

売上原価のみをまとめた夢物語り

　生産業者→メーカー→卸売業者→小売業者→消費者と流通していく商品の流れと消費税をまとめています。

　税額控除をしなければ、消費税合計は24,000円になります。それから税の累積を避けるため14,000円の税額控除をして10,000円の納税となっているのです。

　ところで、なぜ「税の累積を避けなければいけない」のでしょうか？「正当な理由」がありません。税が累積しても誰も困る人はおりません。14,000円の「税額控除」をしなければ、税収が増えて納税額が24,000円となるだけで、何も問題は生じません。

　さらに以下のとおり、経費や設備までも「税額控除」をします。実は「税額控除」が預り金である公金の「売上税額」から差し引くことになり、「公金着服」として犯罪行為になるのです。

経費の税額控除がある

　事業者が支払った、たくさんの経費についても、消費税が課税されており、その税額控除もするのです。

設備の税額控除がある

　同様に、設備にかかる消費税も税額控除をするのです。機械、設備、什器備品、車輌運搬費、工場、店舗等々すべて税額控除の対象です。

107

第2編　現行の消費税法は廃止する

47　（原因２）税の累積排除がドロ沼化の元凶

	生産者	メーカー	卸売業者	小売業者	消費者
売上					
	消費税				
	〈売上〉	〈仕入〉			
		消費税			
		〈売上〉	〈仕入〉		
			消費税		
			〈売上〉	〈仕入〉	
				消費税	
				〈売上〉	〈仕入〉
					消費税
					〈売上〉

各事業者の課税売上に対し、
消費税がかかり、各事業者が納税する
もので、税額の総合計が増える。
それを納税者が許容すれば、何の問題も生じない。
前段階の税額控除をしないので、インボイスも
全く不要になる。
事業者の事務負担はゼロになる。

税の累積は「悪者」ではない

　左の図表はわかりづらいかもしれませんが、税の累積は各事業者の課税売上に対し消費税がかかり、それをそのまま納税しますと納税額が単純に増えるだけなのです。納税額が増えることを、納税者が認めさえすれば、何の問題も生じません。

　「前段階税額控除」をしませんから、インボイスも全く不要になり、事業者の事務負担はゼロになるのです。

　税の累積について、「課税資産の譲渡対価の額には、酒税、たばこ税、揮発油税、石油石炭税、石油ガス税等が含まれる----（消費税法基本通達10－1－11」とあるように、これらの税と消費税は重複課税を認めています。

　また、自動車に関する諸税は、1台の自動車に、「自動車税種別割」「自動車重量税」「環境性能割」それに「消費税」と重複課税が行われています。

　不動産についても「固定資産税」と「都市計画税」は同一不動産に重複課税をしています。

　要は、「納税者」が消費税が累積しても「よい」と許容すれば、良いだけの話なのです。それでインボイスが不要になるのです。

累積の問題は売上原価だけである

　一つの製品・商品が事業者間を流通していくごとに消費税が課税されるので、それを「前段階税額控除」するものです。しかし、この税額控除は事業者にとって［返る税］になっているのです。

根拠がなく経費・設備まで拡張した

　経費や設備は事業者間を流通するものではなく、累積を排除する根拠がありません。経費や設備の税額控除は事業者にとって［返る税］となっています（65）。

　このように税の累積を排除するための税額控除システムが諸悪の根源なのです。

第2編　現行の消費税法は廃止する

48　（原因３）「税額控除」は犯罪行為である

売　上　税　額　　　　160万円	
買手（消費者＋事業者）から10％消費税を[受取る税]	
(1) 消費税の課税時期は物の引渡しの時である（通則法15②七）。その時に消費税が課税されるので、売手（事業者）は、消費税（公金）を預かることになる。	
(2) 消費税を代金の一部とする説は、課税時期を無視し、買手から消費税とだまして受け取ることになり、詐欺行為になる。	
仕　入　税　額　　　　130万円	納税額
売上原価 経　費 設備投資　｝購入時に消費税を10％[支払う税] 税額控除をする。	30万円 [納める税]

税額控除をすると	問題点
(1) 事業者は消費税を負担しないことになる。[支払う税]が返ってくるので、負担しないことになる[返る税]	広く一般に課税していない不公平税制
(2)「公金着服」になる 本来、全額納税すべき預かり金（公金）を着服することになる	犯罪行為

所得税、相続税、法人税などの税額控除とは根本的な相違があります。これらは、自分の税金からの控除であるため、納税額の圧縮となり、違法なものではありません。

ところが、他人から預かった税金（公金）、たとえば、源泉所得税を事業者が、「勝手に控除して納税すると犯罪行為になる」ことが直ぐに理解できます。実は消費税の「税額控除」は、この源泉所得税と同じく、犯罪行為なのです。

売上税額の課税時期

消費税の納税義務は「資産の譲渡等を行った時に成立する」と定められています（国税通則法15②七）。

資産の譲渡の時期は、原則として、引渡基準によります。

この定めから、消費税は買手に資産を引渡した時に、課税されることになります。買手は「消費税」を支払い、売手は「消費税」を預かることになるのです。左の図表の上の（1）に売手（事業者）は「消費税」（公金）を預かるとしています。

（2）は、消費税は代金の一部とする説がありますが、これは上記の「課税時期」の定めを無視しています。買手からは、納品書、請求書等に「消費税」と明記して受け取っており、それを代金の一部とすることは、消費税分をだまし取ることになり、詐欺行為となります。

事業者が消費税を負担しない

「仕入税額」は「売上税額」から税額控除をするため、支払った消費税が［返る税］となり、事業者は一銭も消費税を負担しないことになるのです。「広く一般に課税する」という話はウソになります。

「公金着服」になる

上記に述べたとおり、消費税は買手が負担した公金です。この公金から事業者が「税額控除」をすることは、「公金着服」となり犯罪行為なのです。預かった消費税は、そのまま納税しなければなりません。

第2編　現行の消費税法は廃止する

49　（原因４）誤っていた「世界の付加価値税」

以下は、chat GPTへの質問による回答です。

VAT（付加価値税）では仕入税額控除は無いのですか？
VATでは、仕入税額控除の仕組みが一般的に存在します。具体的には、企業が自身が課されたVATを支払う際に、その税額を仕入れた商品やサービスの課税の対象として請求できます。これにより、企業は売上税額から仕入税額を差し引いた金額を税務当局に対して支払うことになります。
（筆者の加筆）上記の回答で不明の所はありますが、日本に導入されたシステムのようです。 　　　　　　売上税額－仕入税額＝納税額
VATの納税額の計算方法はどうするのですか？
以下の手順で計算されます（一部要約しています）。 １、売上高の計算：課税対象となる期間の売上高を計算します。これは税抜き価格合計です。 ２、仕入税額の控除：同じ期間内に企業が購入した商品やサービスにかかるVAT（仕入税額）を差し引きます。これにより、課税対象売上高から仕入税額を控除した金額が計算されます。 ３、課税される売上高の決定：仕入税額を控除した後の金額が課税される売上高となります。 ４、税額の計算：課税される売上高に税率を乗じて税額を計算します。

（筆者の加筆）売上高100万円、仕入高70万円、税率20％

112

第6章　消費税法の破綻原因と維持された理由

　1989（平成元）年に消費税法が導入されましたが、日本初の税法ですから、世界で先行していた「付加価値税」を見本として、課税当局が消費税法を創設しました。

　第一の誤りは、「取引高税」を選択すれば良かったのですが、「付加価値税」を選択したための「選択ミス」です。

　第二の誤りは、なんと**「世界の付加価値税」**に誤りがあったことです。

　これまで述べたとおり、「世界の付加価値税」は、「税の累積の排除」を目的としました。左の図表のVAT（付加価値税）では「前段階税額控除」＝「仕入税額控除」＝「税額控除」はすべて同じ内容の用語ですが、これを正当化したのです。

　しかし、前項で見たとおり、これは［返る税］を発生させる犯罪行為だったのです。

信じ込むと異常に気づかない

　人生に、こんなことがあるなんて、不思議なことに遭遇しました。

　消費税が日本に導入されて、35年間も経過したのに、「世界の付加価値税」が誤っていたとは、思いもしませんでした。

　税法学者、税理士、弁護士、課税当局の全員が「信じ切って疑うこと」をしませんでした。この度、「信じ込む」と異常があっても、異常が発見されない恐ろしさを発見いたしました。

先進諸国は誤ったことはしない

　との前提で、消費税法を読むので、「おかしい」とは思っても、「自分の間違いだ」と言い聞かせるのでしょう。

　誰も深堀して、真相を究明しませんでした。

ようやく誤りを発見

　筆者が2月から執筆に着手して、「なぜだろう」「おかしい」とつぶやきながら筆を進めるうちに、5月17日になって、ようやく、全体の誤りが判明した次第です。

113

50　（維持１）政治家へ信託するべき知見がない

政　治　家	
本来のあり方	現　状
国民主権である。	選挙で選ばれた政治家は、国民から全権の委任を受けたものと勘違いをしている。
国民が選挙で政治家を選出する	
国民が税制の決定権者であるから、国民が税制を決めて、政治家に信託する。	税制の決定や改正も、国民の意見を聞かず、課税当局の提案に賛成し決議してしまう。
政治家は信託された内容を忠実に実現させる義務があり、国民の指示通りの決議を行う。	常に選挙民の国民の意見を聞いて政治活動をしなければならないが実現できていない。

この「**知見がない**」というのは、国民の側に「消費税の創設や改正に関する知見がない」という意味です。国民に、その知見がないために、政治家に信託されていないのです。

政治家の現状の動き

左の図表の右側です。「現状」と書いた欄です。

選挙で選ばれた政治家は国民から全権の委任を受けたものと勘違いをします。そのため、税制の決定や改正についても、国民の意見を聞かず、課税当局の提案に賛成し、決議してしまいます。

常に選挙民の国民の意見を聞いて政治活動をしなければならないのですが、実現できていません。

政治家の本来の動き方

左の図表の左側の「本来のあり方」の欄です。

31項で述べていますとおり、国民が主権者です。主権者である国民が、選挙により政治家を選出します。

税制の創設や改正についても、国民が決定権者ですから、国民が税制を決めて、政治家に信託することになっています。

政治家は、国民が信託した内容を忠実に実現させる義務があり、国民の指示どおりの政治活動を行うのです。

国民に信託する知見がない

国民には税制の良し悪しに関する知識が乏しいため、積極的に税制に関する内容を決め、政治家に信託することができません。

ましてや、世に消費税の苦情に関する情報はあっても、「改正案」に対する提案が１件もない状況の中では、現行の消費税との比較検討もできませんから、国民に「より良い改正案」の選択が不可能です。

８万人も税理士が居て、35年間１人も「改正案」の提示がなかったのは、税の専門家である**税理士の怠慢**であったのです。税理士の１人として深くお詫び申し上げます。

第2編 現行の消費税法は廃止する

51 （維持２）財界人は多額の［返る税］で沈黙

特に大企業には、税額控除により多額の[返る税]が生じている

経費	経費にかかる消費税は、支出時に消費税は支払うものの、税額控除により、結果的に消費税を負担していない。これは事業者が着服する[返る税]である。
設備投資	新聞報道をひらうと、景気の回復に伴って設備投資が目白押しである。 　いすゞ自動車は、1兆6,000億円。 　京セラは工場増設で約6,000億円。 　ダイフクは330億円。イオンは約50億円。 　住友商事ははホテル事業に500億円。 　日本航空はは1兆8,700億円。武蔵精密は100億円。 　この投資額の10％が消費税になり、税額控除によって還付がある。 　政府からの無償の補助金のようなもので事業者が着服する[返る税]である。
輸出免税	輸出に対しては、消費税が免除され、消費税を0％として税額控除が受けられる。 　トヨタ自動車など上位10位で還付税額は1兆円を超えるとの報道がある。知られざる巨額の[返る税]である。

116

財界からクレームがつかない消費税

現行消費税が「地に落ちて」消費者だけが消費税を負担しています。事業者（この項では「企業」と呼びます）にとっては、左の図表のとおり、多額な［返る税］が入っています。

筆者の試算では、企業が支払った消費税分の130兆円もの巨額な［返る税］が降り注ぎ、企業にとっては大きなプラスの税制なのです。この結果、企業は一銭も消費税を負担していないのです。

企業の財界からクレームがつかないものを政治家が変えることはありません。財界は、この実情を承知の上で沈黙しているのです。

財界は何をしていたのか

以下は、中国新聞2024年4月9日の「政流考」という囲み記事で宮野健男・共同編集委員の書かれたものの引用です。

本文は自民党の派閥による裏金事件の内容です。

「往年の**財界人**は単なる大企業の経営者ではなかった。国家の在り方、国の針路に確たる持論を持ち、堂々と世に問うた。政治や社会状況に苦言を呈する『国士』の顔があった。」また「経済の語源が『経世済民』であることは広く知られている。経済が政治に沈黙し、ひれ伏して付き従うのは正しい姿ではない」と記述されています。

「国士」とは、「身をかえりみず、国家のことを心配し行動する人物」「国のために身命をなげうって尽くす人物」「憂国の士」と解されています。

財界人よ「天下国家」を論ぜよ

サラリーマン経営者が「自社の利益を追求するばかりの姿」は見苦しい状況です。

財界がリーダーとなり、税制が誤っているならば、自社の利益は投げ打ってでも、「人々の生活を向上させる」ために税制改正の活動をしていただきたいものです。

第２編　現行の消費税法は廃止する

52　（責任１）日本税政連・幹事長のご提案

（3）　令和5年（2023年）2月1日（水曜日）　　日本税政連

「日本税政連」1月1日号は鈴木財務大臣と太田会長、神津日税連会長の鼎談をはじめ、新年を飾るにふさわしい賑やかで、明るい紙面であった。昨年7月末から各単位税政連に早期陳情をお願いし、与党税制改正大綱に日税政が要望する事項を少しでも取り上げてもらいたいと議員会館をはじめ各地で5888件の陳情が行われた。

ここ数年、税理士法の改正以外に日税政の要望事項はほとんどと与党税制大綱に取り上げられることはなかったが、ようやくその成果が表れたのが、昨年の与党税制大綱である。ここではその成果について細かいことは取り上げないが、全国の後援会をはじめとする単位税政連の活動に心から感謝する。この成果が1月1日号の紙面を明るくしたものと思っている。

さて、今回の税制改正で特に注目されたのが消費税の適格請求書等保存方式（インボイス制度）の導入と実施についてであった。このインボイス制度の導入実施に当たり、いろいろな制度が新たに導入されることになる。

インボイス制度の導入に

消費税の根本的な見直しを提案する

者、事業者がなるべく負担額を少なくしたいとの思惑が決まる制度であること、から、いろいろな制度を継ぎ足しで加え続けてきた結果、まるで増築、改築を重ねて宴会場から容易に自室に戻ることができない複雑な構造になってしまった老舗旅館のようになっている。

そしてまず「消費税は単なる対価の一部」ではなく、納税者に自室明確に消費税法に明記し、基準年度・簡易課税制度・不課税制度そして軽減税率もなく、単純な制度にする必要がある。

消費税導入から30数年、DXが叫ばれているこの時代、消費税導入時に考慮された現在も言われている小規模納税者の事務負担の軽減は今後形骸化されてくるのではないかと思っている。もちろん申告義務者が負担する徴税コストは考慮する必要はある。

1月1日号の4面に掲載された「南十字星」の筆者をはじめとする多くの納税者（税理士も入る）の錯覚を利用してきた「益税」が解消される税になるべきだ。

消費税は、事業者が預かった消費税から払った消費税を控除し、その差額を納付するという単純な税であったが、導入から30年、軽減税率導入をはじめとする種々の制度が追加導入され、複雑怪奇な税になっている。

より預かった消費税と払った消費税が明確になる、ここで一度立ち止まって、根本的に消費税の仕組みを考え直してみてはいかがかと考える。考え直すにあたっては、本来の消費税の仕組みに立ち返り、得する（益税）こともなく、損する（損税）こともなく（税で損も得もあること自体が間違っ）だ。

消費税を取り巻く消費得もあること自体が間違っだ。

（吉川）

出所：日本税政連・新聞　2023年2月1日号

日本税理士政治連盟の幹事長吉川裕一先生に面談し、温厚な人柄に接することができました。2023（令和5）年2月1日の機関紙「**日本税政連**」の「渓流」（左に掲載）を拝見し、面談を申し入れたところ、快く対応してくださいました。

現状分析

以下は、吉川先生の記事を抜粋したものです。

「消費税は事業者が預かった消費税から払った消費税を控除し、その差額を納税するという単純な税でありながら、導入から30年、軽減税率導入をはじめとする種々の制度が追加導入され、複雑怪奇な税になっている。」「消費税を取り巻く消費者、事業者がなるべく負担額を少なくしたいとの思惑から、いろいろな制度を継ぎ足して加え続けてきた結果、まるで増築、改築を重ねて宴会場から容易に自室に戻ることができない複雑な構造になってしまった老舗旅館のようになっている。」

インボイスを契機に見直しのご提案

「ここで一度立ち止まって、根本的に消費税の仕組みを考え直してみてはいかがかと考える。考え直すにあたっては、本来の消費税の仕組みに立ち返り、得する（益税）こともなく、損する（損税）こともなく（税で損も得もあること自体が間違っていると思うが…）納税額が決まる制度であること、そしてまず『消費税は単なる対価の一部』ではなく、預り金であることを明確に消費税法に明記し、基準年度・簡易課税制度・不課税制度、そして軽減税率もなくし、単純な制度にする必要がある。」と吉川先生はご提案されています。

吉川先生の提案を実現する

上記の吉川先生のご提案は、まさに筆者の考えと「ピタット」一致し、今回「2％の消費税」の改正案としてまとめることができました。

特に、吉川先生の「預り金であることを明確に」することがキーワードであり「税額控除」は犯罪行為になることです。

119

第2編　現行の消費税法は廃止する

53　（責任２）怠慢でやり過ごした税理士の責任

税の専門家である税理士

　インボイスが導入されると、インボイス制度の解説書ばかりを出版し、出版社も売上を拡大する。
　課税当局が制定した税法を解説するばかりである。

　52項で述べたとおり、消費税制に問題があっても、誰も「改正案」を提示しない。怠慢である。
　今回、筆者が改正案の出版をしようとしたら、有名な出版社2社から、課税当局との関わりがあるため出せません。と出版拒否された。

言論の自由が失われた日本の社会である。

税の専門家である税理士の責任

　筆者は日本の中で、税法がわかる、**税の専門家**としての資格者は税理士のみと考えます。すると税理士には「**税法の番人**」「**税法の監視役**」としての社会的な責任があることになります。それは、国民の皆様に「税法をより良いものに改める」「公平・適正な税法を守る」役割は税理士にしかできないことだからです。

　35年目の消費税になりますが、その間、税理士が何の改善案も提供しなかったことは、怠慢であったと痛感します。

　現場にいて、毎日実務をしながら消費税の誤りが、誰1人、発見できなかったことは社会的な責任の欠如です。

出版物は解説書ばかり

　税法が毎年改正されますと、改正の内容の善悪を検討することなく、改正内容を鵜呑み、丸呑みして必死になって解説します。

　出版業界も改正税法の解説書が売れるので「改正されることは良いこと」と言っているのです。上記の税理士の社会的責任から考えますと、改正された税法が「正しいのかどうか」検討することが必要です。

　これまで税理士会の中にそのような機関がなかったので、新たに「税法監視部（仮称）」を設けてはいかがでしょうか。

改正案の出版には暗黙の障壁

　筆者がこの度、消費税法の改正案の書籍を出版したいと出版社に話したところ、あっけなく門前払いです。

　超有名な出版社ですが、共に国税当局とのかかわりが深く「改正案」などを出版すると今後の営業に「差し障る」とのひと言でアッサリ拒否されました。

　営業のことですから、十分理解できますので、無理押しはしませんでした。

　「捨てる神あれば拾う神あり」で、これまでの出版社にお願いしました。

　まだ、日本の国は大丈夫です。

第2編　現行の消費税法は廃止する

54　（結果１）消費者は騙され続けて35年

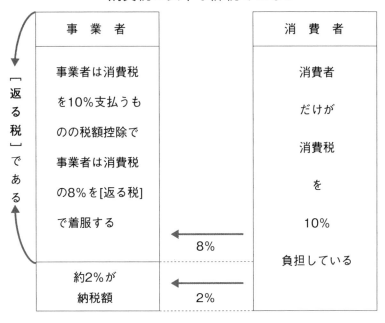

消費税は公平な課税ではない

事業者	消費者
事業者は消費税を10%支払うものの税額控除で事業者は消費税の8%を[返る税]で着服する	消費者だけが消費税を10%負担している
約2%が納税額	

［返る税］である

8%
2%

さらに

¥ 設備投資をすれば還付もある

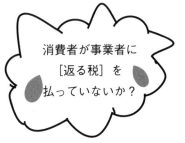

消費者が事業者に［返る税］を払っていないか？

122

第6章　消費税法の破綻原因と維持された理由

　現行消費税の問題点は、消費者には明確に公開されていません。実は筆者も筆を進めていく都度「新しい発見」をしました。

　課税当局は消費税のデータをキャッチしているので、隅から隅まで、善いも悪いも、すべてを知っているはずですが、今さら公開すると大パニックが起き兼ねませんから一切公開しません。

　輸出業者や設備投資をする大企業の経理担当者は多額な［返る税］があることを承知しています。しかし、それを公開しても担当者にとっては、非難されるくらいで、何の得にもなりません。各担当者も自分の生活がかかっているのでオープンにするより黙秘が都合が良いのです。

　かくして消費税の導入から35年もの間、消費者はツンボ桟敷（さじき）に置かれ騙され続けてきました。

　ここまで述べてきましたが左の図表のとおり、消費者だけが10％の消費税を負担しているのです。

　その内２％分だけの約30兆円しか納税されていません。８％分は事業者が着服しているのです。

事業者は消費税を一銭も負担しない

　事業者は物の購入時やサービスの提供時に10％の消費税を払いますが、申告・納税時には税額控除を受けるため、消費税を負担しないことになります。

事業者は［返る税］130兆円を着服

　事業者が支払った仕入税額の合計が筆者の試算では130兆円にもなるのですが、それを事業者が着服しているのです（61）。

消費者は事業者に「返る税」を支払っていないか？

　事業者の売上の消費税である売上税額には、消費者の売上分と事業者の売上分が混在しており、この比率を計算するデータがありません。

　事業者が着服する［返る税］に消費者が負担をしていないか？検討の余地があります。消費者の消費支出の合計額を把握すれば、計算ができますが、宿題です。

第2編　現行の消費税法は廃止する

55　（結果２）付加価値税を見限るときが来た

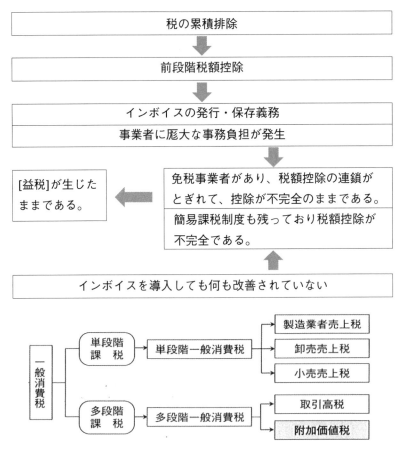

出所：菊谷正人「税制革命（改訂版）」税務経理協会
　　　平成30年133項の図表より一部抜粋

第6章　消費税法の破綻原因と維持された理由

「税の累積排除」と「税額控除」は聖域の中、囲い込み、規制線の中にあって、この単語に触れると、思考停止、電源OFFになって「もっともだー」「もっともだー」と疑うことをしませんでした。そのために、税法学者、税理士も誤りの発見ができませんでした。

「税の累積排除」の信心をやめる

税は累積排除をしなくても何の問題もありません。税収が増加するだけですから、納税者である国民が納得すれば排除しなくてもよいのです。こんなに簡単なことなのに「税を排除しなければならない」と「悪者」を決め込んで「とりつかれて」「離れようとしなかった」のです。

今日から「税の排除は不要」と考え直してください。

税額控除が諸悪の根源

税額控除をすると、事業者は消費税を逃れ、売上税額から［返る税］を130兆円も着服するのです。

「あ〜そうですか」ではなく、消費税である公金の預り金を着服することになり、犯罪行為になるのです。「税額控除」は廃止をすることになり、当然インボイス制度もすべて廃止にします。インボイス制度の導入による未来永劫、無駄な事務負担の増加から解放されることになります。

これまでの事務機器の投資が無駄になりますが「２％の消費税」に補修して使っていただきたいと思います。

取引高税に衣替え

左の図表の一番下に「一般消費税」の区分を表示しています。現行の消費税は「付加価値税」です。

その上の兄貴分の「取引高税」に改正するのです。

「取引高税」は税額控除がない仕組みで、「２％の消費税」では、買手から２％の消費税を受取り、売手はその２％をそのまま納税します。今回のチャンスで改正しないと、このまま何十年も泥沼の中をもがくことになります。

125

第２編　現行の消費税法は廃止する

コラム６

輸出免税等

事業者が国内において行う課税資産の譲渡等（特定資産の譲渡等を除く）のうち、次に掲げる輸出取引等については消費税が免除される。	消法７
・本邦からの輸出として行われる資産の譲渡又は貸付け	消法７①一
・外国貨物の譲渡又は貸付け	消法７①二
・国内及び国外に渡って行われる旅客若しくは貨物の輸送、通信、郵便又は信書便	消法７①三 消令17②五
・外航船舶等の譲渡、貸付け又は修理で一定のもの	消法７①四、五 消令17①②一
・専ら国内及び国外に渡って又は専ら国外で行われる貨物輸送用コンテナーの譲渡、貸付け又は修理で一定のもの	消令17②二
・外航船舶等の水先、誘導、入出港、離着陸の補助、又は離着陸、停泊、駐機のための施設の提供に係る役務の提供等で一定のもの	消令17②三
・外国貨物の荷役、運送、保管、検数、鑑定等	消令17②四
・非居住者に対する無形固定資産等の譲渡又は貸付け	消令17②六
・非居住者に対する役務の提供で、次に掲げるもの以外のもの 　・国内に所在する資産に係る運送又は保管 　・国内における飲食又は宿泊 　・上記に準ずるもので国内において直接便益を享受するもの	消令17②七

出所：令和５年度版税務インデックス（税務研究会出版局）254頁

改正後の取扱い

上記の現行の取扱いでは、輸出免税取引として、売上高の０％課税とし、仕入税額控除を行っている。 　２％の消費税に改正すると、売上については非課税とする。 　仕入税額控除ができないため、コスト増となる。 　そのため、仕入税額相当分は販売価格を上昇させて対応する必要がある。

| 第7章 | 事業者には130兆円もの［返る税］がある |

①事業者は消費税を負担していない

事業者も、購入したものを消費する場合は最終消費者ですから、本来は消費税を負担しなくてはいけません。

②事業者は［返る税］で130兆円を着服

消費税は物を引渡したときに、課税されますから、買手は物を受取ったときに消費税を支払います。売手が受取るのは消費税なのです。この公金から「税額控除」をすることは［返る税］として「公金着服」となる犯罪行為なのです。

輸出業者、一般の事業者の売上原価、経費、設備投資、そして簡易課税制度から［返る税］を事業者は着服します。

③［返る税］を消費者は負担していないか？

消費者の中には、個人の消費者と事業者の消費者が含まれています。この比率がキャッチできませんから、半々としてシミュレーションをしますと、個人の消費者が5％、事業者の消費者が5％、消費税を支払ったことになります。事業者は8％分を［返る税］で着服しますから、事業者が支払った5％を全額着服し、消費者から3％分を着服することになります。つまり計算上は、個人消費者が支払った消費税の3％分は事業者の［返る税］になっています。

④免税事業者の［益税］は2兆円

免税事業者の［益税］は2兆円と推計されます。

第2編　現行の消費税法は廃止する

56　お寿司屋に支払った消費税がおかしい

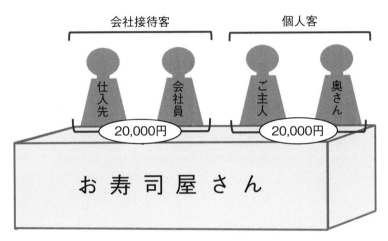

(単位円)

		支払額	消費税	税額控除	実質負担	問題点
お客様	個人客	20,000	2,000	—	2,000	同じ消費行動であるのに、消費税を、個人客は負担し、法人客は負担していない。
お客様	会社接待（交際費）	20,000	2,000	△2,000	0	同じ消費行動であるのに、消費税を、個人客は負担し、法人客は負担していない。

上記合計	売上高	消費税	税額控除	納税額	問題点
お寿司屋	40,000	4,000	（推定）△2,400	1,600	預かった消費税を全額納税していない。

第7章　事業者には130兆円もの［返る税］がある

ゾウを局部的に見ますと、「ホース」「大木」「壁」「ヒモ」のようだといいます。この全体がゾウなのです。

消費税も、このゾウのように、巨大な税法になりすぎて、全体が理解できないようになっています。

ご夫婦は最終消費者＝負担者

左の図はカウンターの中から見た図ですが、右側にご夫婦が座って、お寿司を食べました。1人1万円として、お2人で2万円。間違いなく最終消費者ですから、消費税10％を支払います。

個人の消費者は消費税を負担します。

会社の接待客も最終消費者

左側のお2人は会社の接待客です。会社は建設会社とし、材料の仕入先と建設会社の社員の組合せです。

この2人も1人1万円のお寿司を食べ、2人で2万円。お寿司は2人のお腹の中に入り、消化し、吸収されて、消えてしまいます。この交際費が流通することなどありません。まさに、最終消費者です。

消費税10％を支払います。

会社は消費税を負担しない

消費税の入門書では「消費税は最終消費者が負担する」と説明されています。ところが、この建設会社は消費税を負担しないのです。

会社の消費税の申告の時に、この交際費の2,000円の消費税は「税額控除」をされて、実質的に消費税を納税（負担）しないのです。

個人の消費者は10％の消費税を納税（負担）し、会社は負担をしなくてよいことになっています。

このように全く公平になっていません。図の下のとおりお寿司屋さんも預かった消費税4,000円の全額を納税せず、1,600円しか納税しないのです。

おかしいですよね。

129

第2編　現行の消費税法は廃止する

57 スマホを買ったときの消費税がおかしい

（単位円）

個人が買う	区分	事業者が買う
50,000	価格	50,000
5,000	消費税	5,000
−	税額控除	△5,000
5,000	実質負担	0
20,000	毎月使用料	（通信費）20,000
2,000	消費税	2,000
0	税額控除	△2,000
2,000	実質負担	0
同じ消費行動であるのに事業者は消費税を負担していない。		

130

第7章　事業者には130兆円もの［返る税］がある

　消費税は広く消費者や事業者に課税しますから、物流する商品については、消費税が累積していきます。税額控除はこの累積される消費税を控除するためのものです。

　この57項では、消耗品費と通信費を取り上げています。

個人消費者だけが10％を負担している

　左の図表の左側、「個人が買う」の欄をご覧ください。

　５万円のスマホを買いました。消費税の10％の5,000円を負担しました。購入後、使用しますから、毎月２万円の使用料がかかるとすると、消費税10％の2,000円を支払い続けます。

事業者は消費税を支払う

　事業者の場合、５万円のスマホを購入するときに10％の消費税5,000円を支払います。そして毎月の使用料２万円と10％の消費税2,000円を支払います。

　しかし、これは表向きの「みせかけの支払」でして、納税はしないのです。

事業者の納税（負担）はゼロ

　事業者はスマホの購入は消耗品費、毎月の使用料は通信費として経費処理します。

　これらの経費にかかる消費税も「税額控除」の適用があります。

　「税額控除」は、事業者が売り上げた商品に対して受取った「売上税額」から差し引くことです。

　たとえば、100万円売上ますと、その10％の消費税10万円を受取ります。この「売上税額」から、上記のスマホ代の5,000円の消費税や毎月も使用料の2,000円の消費税を差し引くことです。

　差し引くと、手元に現金が返ってくるので、これを［返る税］と呼んでいます。

　結果として、経費にかかる消費税は納税（負担）をしなくて良いのです。

　おかしいですよね。

131

第2編　現行の消費税法は廃止する

58　自動車を買ったときの消費税がおかしい

（単位　円）

個人が買う	区分	事業者が買う
4,000,000	本体価格	4,000,000
400,000	消費税	400,000
0	税額控除	△ 400,000
400,000	実質負担	0
50,000	毎月経費	（車輌費）50,000
5,000	消費税	5,000
0	税額控除	△ 5,000
5,000	実質負担	0

　事業者は車輌の購入時に仕入税額控除を受けるため、多額の消費税を負担していない。
　同様に毎月のランニングコストの消費税も負担をしていない。平等の課税になっていない。

個人が買った時の消費税

ここでは自動車を取り上げていますが56項と57項と同様に個人消費者は購入のときの本体価格400万円の10％消費税40万円を納税（負担）します。毎月の経費5万円についても10％の消費税5,000円を支払い続けます。

個人が買う「資産」とは

資産については長期にわたって使用できる資産をすべて含みます。自動車のほか、クーラー、テレビ、洗濯機、冷蔵庫、温水器、家具、建物など、すべて10％の消費税がかかり、高額な消費税を負担しています。

事業者が買う「資産」とは

車輌の他、フォークリフト、各種設備、機械、生産ライン、工具、器具、工場、店舗、什器備品等々、すべての減価償却資産が含まれます。

土地は非課税取引となっており消費税は課税されません。

これらの購入にかかる10％の消費税は、購入時に支払いますが、これまでの説明のとおり、税額控除の適用を受けて、消費税の納税（負担）はありません。

たとえば10億円の設備投資をすれば、1億円の消費税が還付される対象となります。

投資を続ける大企業にとってはものすごく魅力的な話しですから、このままの消費税で良いのかもしれません。

63項で述べていますが、湖東京至先生は輸出業者について、調査・研究をされ、多額の還付金があると指摘されています。

筆者は輸出業者の［返る税］6兆6,000億円もさることながら、設備投資の［返る税］も多額に上るとして注目しています。

派手な大企業は少数であっても中企業、小企業のすべての設備投資は企業数が多く、集計すると［返る税］は多額に上ると思われます。

日本企業全体の設備投資の数字がつかめません（65・67）。

第2編　現行の消費税法は廃止する

59　事業者は［返る税］で消費税を負担しない

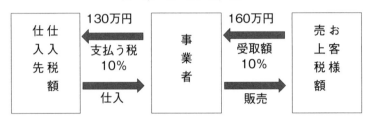

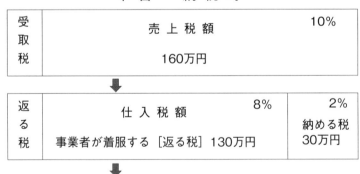

第7章　事業者には130兆円もの［返る税］がある

　56項から58項まで、消費税を支払う現場を見てきましたが、一般の消費者は10％の消費税を支払っています。消費者としての事業者は買うときには10％の消費税を支払っていますから、その場面だけ見ると公平なようにみえます。

　ところが、この先はどうなっているのでしょうか。

　以下に述べるとおり、繰り返しで恐縮ですが、事業者は消費税を負担しない仕組みになっているのです。

仕入れの時に消費税を支払う

　左の上の図表の事業者の左側に、仕入税額があります。この事業者の仕入の範囲が広く「商品の仕入」だけでなく、「経費の支払」「設備投資」まで含んでいます。

　事業者が支払う消費税がすべて「仕入税額」なのです。

　56項では寿司屋で支払った消費税、57項ではスマホを買って支払った消費税、58項では自動車を買って支払った消費税がすべて「仕入税額」になります。この［支払う税］を130万円とします。

売上の時に受取る消費税

　上の図の右側、事業者の商いで、商品の販売をしますと、商品代金と共に10％の消費税を受取ります。この［受取る税］が［売上税額］で、ここでは160万円とします。

［返る税］130万円、［納める税］30万円

　左の下の図表の説明をします。お客様から［受取る税］は160万円ほど事業者が預かっていますから現金が残っています。本来は160万円を全額納税すべきところ、「仕入税額」の130万円を差し引き、差額のみ30万円を納税します。130万円は［返る税］として事業者が着服し、犯罪行為になるのです。この中には２つのポイントがあります。

　ア、事業者は消費税を負担していない

　イ、事業者は「仕入税額」分を［返る税］として着服している。

135

第2編　現行の消費税法は廃止する

60　[返る税] の負担者は研究中

（1）売上税額を折半と仮定しシミュレーションすると

	申　告　・　納　税　時	
受取る税	売　上　税　額　　　　　　160万円	
	事業者が買手から受け取る消費税で、買手には消費者と事業者がいる。 両者を区分するデータがないため、折半と仮定すると消費者80万円、事業者80万円となる。	
差し引	仕入税額 事業者が着服する[返る税]130万円	納める税 30万円
	事業者分の売上税額80万円	消費者分売上税額80万円

（2）初校時点での負担者　　　　　（万円を兆円に読み替え）

	売上税額160兆円の区分	
負担者	事業者分　　　　　　　130兆円	消費者分 30万円
	[返る税]で着服	納税

136

第7章　事業者には130兆円もの［返る税］がある

　［返る税］は事業者が支払った消費税「仕入税額」を売上げた消費税の「売上税額」から控除をして、着服したものです。

　この売上げ消費税の中には、「消費者」に販売したものと、消費者としての「事業者」に販売したものが含まれています。

　この60項では、事業者が受取る［返る税］の中に、どれだけ一般消費者が負担した消費税分が含まれているか、つまり、一般の消費者が［返る税］をどれだけ支払っているのかを計算したいのです。

売上税額の区分を折半と仮定

　［受取る税］の売上税額の買手が、一般の消費者と消費者としての事業者に区分されます。消費者分と事業者分に区分するデータがないため、両者の区分を半々としました。

　「売上税額」160万円のうち、消費者分が80万円、事業者分が80万円と仮定の上で計算をしました。

消費税の３％分を消費者が負担？

　計算結果は、一般の消費者が支払った消費税の３％分が［返る税］の支払いに当てられていました。

　［返る税］が８％分必要ですが、そのうち５％は事業者分から支払いますと残り３％分は消費者が支払うことになります。

　消費者が支払った消費税のうち３％は事業者に、２％だけが納税されることになります。

大胆にも拡大適用

　59項と60項の数字は次の61項の数字の縮小版として設定しています。単位の「万円」を「兆円」に読み替えてください。

初校時点での［返る税］の負担者

　上記の仮定は、売上税額の区分を折半としています。

　初校時点では研究中のため、次項の日本全体の数値として、事業者分は130兆円、消費者分は30兆円です。左下の図表（２）のとおり、事業者は、支払った130兆円を［返る税］で着服し、消費者は、支払った30兆円を納税することになります。

137

第2編　現行の消費税法は廃止する

61　日本全体の課税売上の推計と税収の構成割合

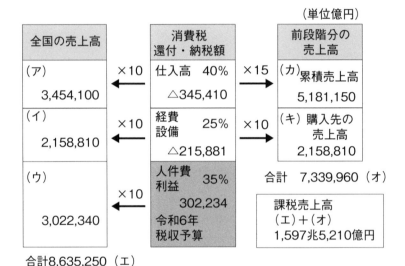

第7章　事業者には130兆円もの［返る税］がある

この大きなテーマは、ほとんど情報がない中で、筆者一人で計算できるものではありません。

財務省がスーパーコンピュータを用いて計算すべきものです。この点、百も承知の上で、無理やり計算してみました。

納税された消費税から逆算

中心の長方形の下に令和6年の税収予算から消費税額30兆2,234億円をキャッチしました。

それから、この納税額を売上構成比35％と筆者が独自に定め、上に経費・設備を25％、仕入高を40％と定めて、金額を計算しました。

そして左側の全国の売上高の欄は消費税率10％ですから、それぞれ中央の消費税額を10倍して売上高を算定しました。

（ア）仕入対応売上　　　345兆4,100億円
（イ）経費・設備売上　　215兆8,810億円
（ウ）人件費・利益売上　302兆2,340億円
（エ）全国課税売上　　　863兆5,250億円

前段階分の課税売上

図表の右側のラインです。仕入税額控除の対象となる売上高の計算をします。

仕入高ですが、これまでのデータで2.4倍の総売上から全国分の1.0倍を差し引くと、1.4倍になりますが、これを1.5倍とし、消費税額から計算すると15倍して（カ）518兆1,150億円としました。経費、設備の累積はありませんから10倍として、（キ）215兆8,810億円としました。

以上の集計で、全国の課税売上高は、（エ）＋（オ）1,597兆5,210億円と計算されました。

税収の構成割合の推計

図表の下側の10％の消費税の税収は、約160兆円です。

この160兆円は事業者への［返る税］が130兆円、［納める税］が30兆円です。

139

第2編　現行の消費税法は廃止する

62 事業者に総額130兆円もの［返る税］がある

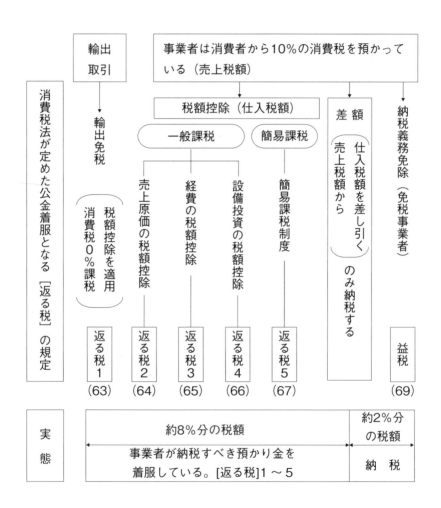

第7章　事業者には130兆円もの［返る税］がある

このタイトルの130兆円の計算は、前61項の課税売上高、1,597兆円5,210億円×10％で、約160兆円の税収から、令和6年の消費税の税収予算の約30兆円を差し引いた差額が130兆円になります。

左の図表は［返る税］の全体像を示しています。それぞれの［返る税］の詳細は63項から67項に述べています。

免税事業者の［益税］は69項に述べています。

輸出免税の取扱い

世界の「付加価値税」では、「消費地課税主義」とか「仕向地課税主義」という考え方が採用されています。

そのため輸出取引には、消費税は課税されません。

輸出免税とは頭から非課税取引とするのではなく、課税対象取引とするが、0％の税率を適用することによって、結果的に課税対象からはずすことです。

図表の1番左にある輸出取引は、消費税率を0％として、輸出業者の「仕入税額」の控除が認められています。輸出に伴う、仕入、経費、設備投資のすべての「仕入税額」が控除できます。輸出に伴う「売上税額」は0円ですから、巨額な［返る税］が、税務署から還付されるのです。

税額控除の［返る税］

図表の中ほどですが、一般課税による税額控除と簡易課税制度があります。

簡易課税制度は、みなし仕入率を使って仕入税額を計算しますから、実際の仕入税額よりも、みなし仕入率の仕入税額が多ければ［返る税］が生じます。［返る税］は少額なものとなります。

免税事業者の［益税］

免税事象者は納税義務が免除されていますから、買手から消費税を受け取っても納税しません。

この税金分の受取りを世間では［益税］と呼んでいます。

本書でも、これは［益税］とします。

141

第２編　現行の消費税法は廃止する

63　（返る１）輸出業者の［返る税］

円安で輸出大企業20社の還付金が増大

表1　2021年の輸出大企業に対する「還付金」上位20社

企業名	売上高	輸出割合 （％・推定）	還付金額
トヨタ自動車	12兆6078億円	77	6003億円
本田技研工業	3兆4542億円	86.9	1795億円
日産自動車	2兆4093億円	81.9	1518億円
マツダ	2兆3393億円	84.4	1042億円
デンソー	3兆0909億円	58.4	918億円
村田製作所	1兆2334億円	91.3	853億円
三菱自動車	1兆6147億円	80.7	850億円
キャノン	1兆5087億円	76.4	559億円
豊田通商	1兆5140億円	71.5	551億円
SUBARU	1兆4999億円	82.6	537億円
クボタ	1兆0750億円	72.6	431億円
日本製鉄	4兆3659億円	39.8	384億円
スズキ	1兆6907億円	50.5	321億円
日立製作所	1兆6234億円	55.8	286億円
今治造船	3712億円	95	236億円
ファナック	5782億円	85	226億円
シャープ	5630億円	67.2	173億円
ニコン	3486億円	84	170億円
任天堂	1兆4378億円	72	144億円
資生堂	2750億円	73.3	144億円
合計			1兆7074億円

出所：WORLD Jet SPORTS
https://www.wjsm.co.jp/free.books.html
湖東京至先生の湖東レポートより

第7章　事業者には130兆円もの［返る税］がある

　左のデータをまとめられた湖東京至（ことうきょうじ）先生の略歴をご紹介します。

　元静岡大学教授、税理士、1972年以降、税制・税務行政・ヨーロッパ付加価値税制の実態を学ぶため、フランス、ドイツ、アメリカ、カナダなど歴訪、国際税制の研究を深める。東京税理士会理事など歴任。

輸出戻し税とは

　「輸出業者は、仕入の際に支払った消費税（仕入税額）分の税額控除をしなければ、「損」になってしまいます。その分を税務署が輸出業者に還付する仕組みを、俗に「**輸出戻し税**」と呼んでいます。これは大企業だけでなく、中小全ての輸出企業に適用が受けられます。」と解説がありますが、筆者が命名した税額控除による［返る税］のことです。

輸出業者上位20社の還付金

　左の表は湖東京至先生が各社の決算書などから推定計算された貴重な資料です。左のデータでは合計1兆7,074億円となっていますが、これは上位20社分の合計です。輸出業者の全体の還付金は6兆6,000億円と推定されています。湖東先生は、消費税は「輸出企業への優遇税制」であるとされ、消費税の廃止を主張されています。

消費税収の赤字の税務署

　国税庁が公表した消費税の徴収金額よりも還付金額が多い**赤字税務署**は全国で11か所あり、その内上位5か所は次の通りです。

豊田税務署（愛知）　　　　（赤字）4,044億円（トヨタ自動車）
海田税務署（広島）　　　　（　〃　）　800億円（マツダ）
右京税務署（京都）　　　　（　〃　）　675億円（村田製作所）
神奈川税務署（神奈川）　　（　〃　）　474億円（日産自動車）
名古屋中村税務署（愛知）　（　〃　）　356億円（豊田通商）

　「2％の消費税」では、輸出取引は非課税取引として、税額控除は一切認めません。

143

第２編　現行の消費税法は廃止する

64 （返る２）売上原価の［返る税］

売上税額	仕入税額				本来の税額控除分	（税の累積排除）
売上税額	売上原価	製造・製品	材料	原材料 部品費	本来の税額控除分	（税の累積排除）
			経費	外注費 動力費 工具器具		
			設備	機械 工場設備 運搬費		
		商品		商品代金 物流費用		

　現行の消費税は「付加価値税」であり、税の累積を排除する目的で、売上原価の税額控除をしている。

　消費者からは10％の消費税を預かっており、理由は何であれ、預かり金から税額控除することは許されず、[返る税]となっている。

144

第7章　事業者には130兆円もの［返る税］がある

　左の図表は、縦に売上税額、横に仕入税額を表示しています。

　仕入税額は、現行の消費税では税額控除で差し引きます。

　売上原価の表の中は、製造・製品と商品に区分しています。製造・製品の中は、原材料、部品費、外注費、動力費、工具器具、それに設備に関する投資により、製品が製造されます。製品として流通していきます。

　そして商品が流通していきます。

売上原価から税額控除がスタートした

　現行消費税の信念は「税の累計排除」です。誰が、控除が必要と思ったのかしれませんが、税が累積しても、納税者が許容すれば、何の問題もありません（47）。

　しかし、「税の累積は悪者扱い」され、ヒステリックに排除をするのですが、これは売上原価についてのみ起こる問題なのです。

　経費とか設備投資には、税の累積は生じませんから、排除する理由はないのです。

物流による事業者の連鎖

　売上原価については、川上から川下へ**物流**に伴って、事業者の連鎖が続きます。この姿を見ると、税の累積が目につき、つい税額控除を正当化してしまいそうです。

　売値は事業者を経由して徐々に上昇し、国税庁ホームページによると、小売値段10万円の総売上高は24万円になり、中間の業者の売上は14万円だけなのです。

　つまり、消費税10％として、14,000円の税額アップです。これを納税者が許容するだけで、「税額控除」は不要になるのです。

［返る税］は公金の着服になる

　税額控除は、預かった消費税（公金）からの［返る税］ですから、公金の着服となる犯罪行為なのです。

　「２％の消費税」では一切「税額控除」は認めません。

145

第２編　現行の消費税法は廃止する

65　（返る３）経費・設備投資の[返る税]

売上税額	仕入税額			（[返る税]となっている）過大な税額控除分
	経費	販売費	旅費交通費 荷造運賃 通信費・広告宣伝費 販売促進費 接待交際費	
		一般管理費	水道光熱費・ 修繕費・車輌費	
	設備購入	備品、コピー、コンピューター 自動車、トラック、 建物（倉庫、本社事務所、店舗）		

　前項と同様に、消費者からは１０％の消費税を預かっており、税額控除する理由がない経費・設備投資についても税額控除をしている。

　預かり金から税額控除することは許されず、**[返る税]**となっている。

　設備投資については次項にも述べている。

経費の消費税は税額控除できない

事業者が経費の支払いをするのは、消費者として支払っていますから、その消費税は税額控除する理由がありません。

56項でお寿司屋に支払った消費税を取り上げていますが、個人客も法人のお客も、寿司を食べて胃袋に入れたのだから、共に消費者であることは間違いありません。消費者が負担するのですから法人も消費税を負担すべきであって、税額控除をする仕組みに問題があるのです。

税が累積しているわけではありませんから、税額控除をする理由がありません。

設備の消費税は税額控除できない

左の図解の下に例示している備品とか自動車、倉庫、本社事務所、店舗などの建物の購入に伴う消費税は、本来は税額控除ができません。

58項で自動車の購入を取り上げていますが、個人が買えば消費税を負担します。事業者が買えば、売手に消費税は支払うものの、税額控除を受けるため、実質的に負担をしていないことになっています。

事業者も自動車を買えば、消費者ですから、消費税を負担するのが当たり前です。現行の税額控除の取扱いに問題があるのです。

違法な付加価値税

上記、経費と設備の消費税の税務控除は、違法な税額控除となり、事業者としては、納税を免れた［返る税］となっています。

この［返る税］は売上税額−仕入税額＝納税額とする付加価値税が違法であり［返る税］が発生しています。

「付加価値税」から取引高税に改正しなければなりません。

現行の「付加価値税」のしくみは、税額控除をすることを基本として設計されていますから、現行の消費税法をリフォームすることは不可能です。全面的に廃止した後に、全く新しい「取引高税」の消費税法を創設するのが最も適切です。

第2編　現行の消費税法は廃止する

66　（返る４）設備投資の大型［返る税］

掲載紙はすべて日本経済新聞

掲載日	投資額	企業と主な内容
2024.3.21	100億円	ホンダ系部品大手の武蔵精密工業は、データセンターで非常用電源に使う蓄電装置を増産する。2024年度中に工場棟の建設に着手する。
2024.3.21	1兆8,700億円	日本航空（JAL）は2005〜33年度に欧州エアバスと米ボーイングの新機材42機を国内線・国際線で導入すると発表した。
2024.3.23	500億円	住友商事はホテル事業を始める。2028年に東京・銀座に高級ホテルを開業する。米有名ブランドを誘致し、経営は住友商事が担う。国内の主要都市で展開する方針である。
2024.3.26	6,000億円	京セラは2025年3月期と26年3月期の2年間に設備投資する方針を固めた。生成AI（人工知能）需要などで主力の半導体が成長局面を迎えるとみて、増産体制を整える。
2024.4.4	2兆6,000億円	いすゞ自動車は、2031年3月期までの中期経営計画を発表した。エンジントラックなど既存事業に1兆6,000億円を、電動化や自動運転には1兆円を投資する。
2024.4.23	64億円	広島ガスは、70人の人材を脱炭素事業に振り向ける。脱炭素事業については、今後4年で64億円の投資を見込み、上振れも想定している。
2024.4.23	1,500億円	ソフトバンクは生成AI（人工知能）の開発に必要な計算設備を整える。2025年までに投じ、高性能半導体を搭載したインフラを整備する。

148

設備投資は本来、税額控除できない

前65項で**設備投資**については、「税の累積排除の理由」もなく、税額控除はできないことを述べています。繰り返しますが、税額控除は［返る税］が生じ、消費税（公金）の着服となり、犯罪行為です。

この「税額控除のシステム」を廃止すべきなのです。つまり「付加価値税」をやめて「取引高税」に改正をすることになるのです。

大型の設備投資の還付金

税額控除は、事業者の「売上税額」から控除されますが、控除額が多い場合には、消費税が還付されてくるのです。

もちろん国税当局から還付されるのですが、財源の仕組みはどうなっているのでしょうか？

多額な設備投資を納入した事業者が多数いることになり、その納入業者が受け取った消費税の合計額から還付されるという仕組みです。

30年間停滞していた、日本の景気が回復に向かい、毎日大型設備投資の記事が新聞に掲載されています。

新聞報道の恐怖

左の表は、新聞の記事を抜粋したものです。

上から３段目に１兆8,700億円の日本航空の設備投資の場合、この10％1,870億円の還付が生じるのです。ゾッとする新聞記事です。

輸出業者の［返る税］が６兆6,000億円還付されるとのことですが、日本全国の企業の設備投資を合計しますと設備投資の［返る税］が多いかもしれません。

企業のほうは、設備投資については、税額控除があることを十分承知した上で、投資を実行します。

公然と投資額の10％が［返る税］として着服できますから、国からの補助金のように企業にとっては有難い税法です。

しかし［返る税］は公金着服の犯罪行為なのです。

第2編　現行の消費税法は廃止する

67　（返る５）簡易課税制度の［返る税］

適用対象者

　　簡易課税制度の適用を受けるには、次の要件を全て満たす必要があります。
　① その課税期間の基準期間における課税売上高が5,000万円以下であること。
　② 「消費税簡易課税制度選択届出書」を適用を受けようとする課税期間の初日の前日までに納税地の所轄税務署長に提出していること。

出所：消費税のあらまし38頁

納付税額の計算

$$消費税の納付税額 = 課税売上に係る消費税 \times \left(1 - みなし仕入率\right)$$

■簡易課税制度の事業区分とみなし仕入率

事業区分	該当する事業	みなし仕入率
第一種事業	卸売業（他の者から購入した商品を、その性質及び形状を変更しないで他の事業者に販売する事業）	90%
第二種事業	小売業（他の者から購入した商品を、その性質及び形状を変更しないで消費者に販売する事業） 農業・林業・漁業（飲食料品の譲渡に係る事業）	80%
第三種事業（注22）	農業・林業・漁業（飲食料品の譲渡に係る事業を除く） 鉱業、建設業、製造業（注23）、電気業、ガス業、熱供給業及び水道業	70%
第四種事業	第一種事業、第二種事業、第三種事業、第五種事業、第六種事業以外の事業（注24）（飲食店業等） ・事業者が自己で使用していた固定資産を譲渡する場合も該当する。	60%
第五種事業	運輸通信業、金融業及び保険業、サービス業（注25） （第一種事業から第三種事業までに該当しないもの）	50%
第六種事業	不動産業	40%

出所：国税庁HP「消費税のあらまし」39頁

150

第7章　事業者には130兆円もの［返る税］がある

　簡易課税制度は、課税売上高から納付する消費税額を計算する制度です。具体的には、課税期間の課税売上高に対する消費税額（売上税額）に、みなし仕入率をかけて計算した金額を仕入税額とするものです。

　したがって、実際の仕入税額を計算する必要がなくなり、課税売上高のみから納付する消費税額を算出することができます。

　逆に、簡易課税制度を選択している事業者は、みなし仕入率による「仕入税額」よりも実際の「仕入税額」が多い場合でも、みなし仕入率によって計算します。また、還付が受けられる場合でも還付は受けられません。

適用対象者

　左の図表のとおり、次の要件をすべて満たす必要があります。

（1）基準期間の課税売上が5,000万円以下であること

（2）「消費税簡易課税制度選択届出書」を提出していること

納付税額の計算

　一種類の事業のみを営む事業者の場合には、次のとおり計算します。

　仕入税額＝課税売上×みなし仕入率、売上税額－仕入税額＝納付税額となり、これをまとめますと左の図表のとおりとなります。

　みなし仕入率が80％の場合には、1－80％＝20％ですから、課税売上高を1,000万円としますと、売上税額は1,000万円×0.1＝100万円。納付税額は100万円×0.2＝20万円となり、1,000万円に対しては2％になります。

みなし仕入率は

　左の表のとおりです。

　実際の仕入税額より、みなし仕入率の仕入税額が多い場合には、税額控除が多くなるためその分［返る税］が生じることになります。

　これは、小規模事業者の事務負担の軽減を狙ったもので、ドンブリ勘定のため公平な税制ではありません。

151

第２編　現行の消費税法は廃止する

68　［返る税］の仕組みは膨大な事務負担

消　費　税　の　納　付　税　額　の　計　算　方　法

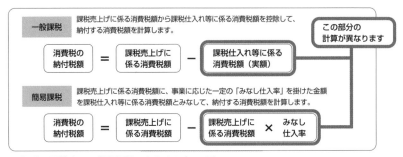

出所：国税庁HP「消費税のあらまし」28頁

仕　入　税　額　控　除　の　計　算　方　法

出所：国税庁HP「消費税のあらまし」29頁

第7章　事業者には130兆円もの［返る税］がある

税額控除は膨大な事務負担

　これまで述べたとおり、仕入税額の対象は、売上原価、経費、設備と広範囲に及んでいます。

　これらの消費税を実額で集計するとなると、事業者としては膨大な事務負担になってしまいます。

　精度を高めようとすると、その分コストが高くなります。

仕入税額の計算方法

　左の表の下に表示しています。

　その年の売上の中に「**非課税売上**」が多額に入ると、仕入税額の全額が控除できなくなります。

　課税売上割合＝課税売上高÷総売上高で計算します。

　総売上高は課税売上高＋非課税売上高になります。

　土地は非課税ですが、その課税期間中に土地の売却益があれば、課税売上割合が低くなります。

　図表のとおり、課税売上高から５億円以下、かつ、課税売上割合が95％以上の場合は仕入税額が全額控除できます。

　一番下の欄で課税売上高が５億円超または課税売上割合が95％未満の場合には、仕入税額が全額控除できません。

　「**個別対応方式**」で計算するか「**一括比例配分方式**」で計算するかになります。

なんで事業者に計算させるのか

　本来、消費税は間接税であり、事業者に事務負担をさせるものではありません。

　間接税は、税金を負担する買手から預かった税金を、売手はそのまま納税するだけの仕組みです。売手は何ら事務処理は不要なものです。

　真面目な事業者は黙々と事務処理をしていますが、馬鹿馬鹿しいとは思いませんか。

153

第２編　現行の消費税法は廃止する

69 免税事業者に２兆円の［益税］がある

○ 個人事業者の納税義務 (注8)

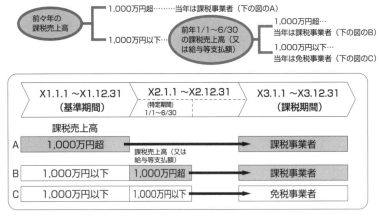

出所：国税庁HP「消費税のあらまし」19頁

免税事業者が混在すると納税額合計＜負担額となる

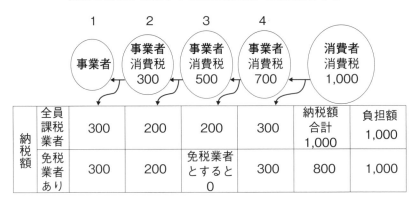

免税事業者の10％による［益税］の額

免税事業者数は513万事業者といわれています（76）。

たとえば、免税事業者を500万、年商を最高額の1,000万円（0.1億円）、みなし仕入率60％、消費税率は現行の10％とします。

課税売上高は、5,000,000×0.1億円＝500,000億円（50兆円）

売上税額は、50兆円×10％＝5兆円

仕入税額は、50兆円×60％×10％＝3兆円

差引［返る税］は、5兆円－3兆円＝2兆円

このように、免税事業者の10％による［益税］は2兆円と推計されます。

これは、年商を最高額の1,000万円として計算したものです。年商が800万円とすると［益税］は1兆6,000億円になります。

免税事業者が混在すると

下の図業の事業者が1から4まで連鎖していますが、消費者が1,000円の消費税を支払いますと、1から4までの事業者が納税する消費税の合計も1,000円となり、納税額合計＝負担額となり、夢の計算式は完結します。

この事業者の連鎖の中で、3の事業者が免税事業だとしますと、3の事業者は納税義務が免除されますから、納税する消費税の合計は800円となります。

夢の計算式は完結しない

上記のとおり、納税額合計800円〈負担額1,000円となり、夢の計算式は完結しません。

消費者は1,000円支払っているのに納税額は800円となって、この200円が［益税］として免税事業者に残るのです。

免税事業者にとっても200円が丸々得になるわけではありません。仕入や経費の消費税を負担していますが、税額控除ができませんから、その200円の中から負担することになります。

第2編　現行の消費税法は廃止する

70　免税事業者がいると売値が高くなる

（A）全事業者が課税事業者のケース

（円）

		メーカー	卸売業者	小売業者	消費者
（A）	売　上	500	700	1,000	1,000
	仕　入	0	500	700	
	売上税額	50	70	100	100
	仕入税額	0	50	70	
	納 税 額	50	20	30	合計 1,100

（B）メーカーが免税事業者のケース

（円）

		メーカー	卸売業者	小売業者	消費者
（B）		（免税事業者）			
	売　上	500	700	1,000	1,000
	値上げ分	50	50	50	50
	仕　入	0	550	750	
	売上税額	0	75	105	105
	仕入税額	0	0	75	
	納 税 額	0	75	30	合計1,155

156

税額控除による税負担のしくみ

　（A）はメーカー50円＋卸売業者20円＋小売業者30円の合計は、100円となり、消費者が負担した100円の税額と一致します。

免税事業者が消費税相当額を回収した場合

　図表（B）はメーカーを免税事業者とした場合の商品の流れです。この表は免税事業者が消費税相当分を上乗せして価格の設定をした場合のものです。

　メーカーは消費税相当額50円を受取っても免税事業者であるため、納税しません。

　卸売業者がメーカーに支払った仕入税額はインボイスがないため控除することができず、卸売業者のコストとなって売値を押し上げ、700円のところが750円になります。それに10％の消費税を課税しますから「売上税額」は75円となり５円ほど増加します。

　小売事業者は750円の課税仕入となり当初の利益と同じ利益を得るためには課税売上を当初の1,000円から1,050円に値上げすることになります。その10％の消費税が105円となります。

　消費者は1,050円＋105円＝1,155円の支払いとなり、当初の本体価格1,000円から155円多く払っています。

　名目上の税負担は105円ですが、50円ほど免税事業者分の利益を消費者が負担することになります。

夢破れインボイスが無意味になる

　前項の通り、約315万の免税事業者が残り流通経路に入り込むため、夢の計算式が実現しません（76）。

　何のためにインボイス制度を導入したのか？無意味になります。

　「２％の消費税」に改正しますと、免税事業者はいなくなり全事業者が課税事業者になります。

　この項のような問題が自然消滅し解消します。

第2編　現行の消費税法は廃止する

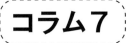

納税義務者

1　納税義務者		
取引区分	納税義務者	消法5①②
国内取引	課税資産の譲渡等（特定資産の譲渡等を除く）及び特定課税仕入れを行った事業者	
輸入取引	課税貨物を保税地域から引き取る者	

出所：令和5年度版税務インデックス（税務研究会出版局）255頁

課税時期

1、国内取引		
通則	消費税の納税義務は、資産の譲渡を行った時に成立する。	国税通則法15②七
たな卸資産	譲渡を行った日は、その引渡しのあった日とする。	基通9-1-1
固定資産	譲渡の時期は、その引渡しがあった日とする。	基通9-1-13
役務の提供	約した役務の全部の提供を完了した日。	基通9-1-11
その他の取引	所得税又は法人税の取扱いとほぼ同様。	基通9-6-2

2、輸入取引		
通則	貨物を保税地域から、引取るとき	国税通則法15②七

第8章　インボイスと免税事業者の対応

①免税事業者の［益税］の解消

　国民の批判は免税事業者の［益税］に集中しています。課税当局も、この［益税］を解消しようとしています。

　筆者の試算では［返る税］は130兆円、［益税］はたったの2兆円です。［返る税］は［益税］の65倍もあるのです。

　解消するのは［返る税］の方なのです。国民の批判も真犯人である［返る税］に向けられるべきものです。

②インボイスの導入目的は

　目ざわりな［益税］の排除をするため、免税事業者をなくするために、インボイス制度を導入したのです。

　免税事業者を課税事業者として、インボイス発行事業者にしようとする試みが、インボイス制度なのです。

　ところが、513万事業者のうち、315万事業者はインボイス発行事業者にはなっていません。

③免税事業者の救済措置

　免税事業者の20％の特例が3年間。事業者に80％・50％の控除の特例が6年間、救済措置があります。

④期限が切れると抹殺される

　免税事業者は時限立法で喜ぶと思いますか。

　これらの期限が切れると課税事業者から締め出され、免税事業者は抹殺されることになります。そんなひどい仕打ちは許されません。［益税］より［返る税］に目を向けるべきなのです。

第2編　現行の消費税法は廃止する

71　インボイスで「良くなるものは何もない」

インボイス発行事業者の義務等（売手の留意点）

［1］適格請求書発行事業者の義務

適格請求書発行事業者には、原則として、以下の義務が課されます。

① **適格請求書の交付**

取引の相手方（課税事業者）の求めに応じて、適格請求書（又は適格簡易請求書）を交付する義務 **(注2)**

② **適格返還請求書の交付**

返品や値引きなど、売上げに係る対価の返還等を行う場合に、適格返還請求書を交付する義務

※売上げに係る対価の返還等に係る税込価額が1万円未満である場合には交付義務は免除

③ **修正した適格請求書の交付**

交付した適格請求書（又は適格簡易請求書、適格返還請求書）に誤りがあった場合に、修正した適格請求書（又は適格簡易請求書、適格返還請求書）を交付する義務

④ **写しの保存**

交付した適格請求書（又は適格簡易請求書、適格返還請求書）の写しを保存する義務

仕入税額控除の要件（買手の留意点）

適格請求書等保存方式の下では、適格請求書などの請求書等の交付を受けることが困難な一定の場合（次の［3］参照）を除き、一定の事項を記載した帳簿及び請求書等の保存が仕入税額控除の要件となります。

仕入税額控除の要件

	～令和5年9月 【区分記載請求書等保存方式】	令和5年10月～ 【適格請求書等保存方式】 （インボイス制度）
帳　簿	一定の事項が記載された 帳簿の保存	区分記載請求書等保存方式 と同様
請求書等	区分記載請求書等 の保存	**適格請求書**（インボイス）等 の保存

出所：国税庁HP「消費税のあらまし」上71頁。下73頁

160

第8章　インボイスと免税事業者の対応

タイトルのとおり、インボイス制度の導入は、事業者の事務負担が増えるだけで、「良くなるものは何もない」制度です。これまで見てきたとおり、「税額控除」が、[返る税] を生じさせ、公金着服の犯罪行為なのですから、その実務上のインボイス制度ですので、直ちに廃止するべき制度です。

インボイスが始まった

国税庁のホームページ、消費税のあらましの18番目に「適格請求書等保存方式とは？」というインボイス制度について記述があります。その書き出しを引用します。以下「適格請求書」を「インボイス」と称します。

「複数税率に対応した仕入税額控除の方式として、2023（令和5）年10月1日から「インボイス保存方式」（インボイス制度）が開始されました。

インボイス制度の下では、「インボイス発行事業者」が交付する「インボイス」等と帳簿の保存が仕入税額控除の要件となります。」

インボイスとは

インボイスとは「売手が、買手に対し、正確な適用税率や消費税額等を伝えるための手段」であり、一定の事項が記載された請求書や納品書、領収書、レシートその他これらに類する書類をいいます。

なお、その書類の様式や名称は問いません。

インボイスを交付することができるのは、税務署長の登録を受けた「**インボイス発行事業者**」に限られます。この登録は、課税事業者であれば受けることができます。

売手と買手の留意事項

売手の留意事項として、左の図表の上に「インボイス発行事業者の義務」が並べられています。売手に義務づけられたものです。図表の下は、買手の留意事項です。インボイス等の保存が義務づけられています。

161

第2編　現行の消費税法は廃止する

72 インボイスの導入目的は免税事業者の排除

> Chat　GPTに問いかけてみました 。
>
> 問、インボイスの導入の目的は何ですか？
>
> 答
>
> 1　請求書の発行と支払の管理
>
> 2　法的な要件の遵守
>
> 3　財務報告と記録のため
>
> 4　取引の透明性と信頼性の向上
>
> これらの理由から、インボイスは企業や個人が取引を管理し、財務情報を正確に追跡するための重要なツールとなっています。

> 2023（令和5）年10月1日から、日本にもインボイス制度が導入されましたが、導入の主な目的は、消費税の仕組み（仕入税額控除）からの免税事業者の排除（益税の減少）にあるのです。

第8章　インボイスと免税事業者の対応

欧州諸国の制度の導入

　財務省編「平成28年度税制改正の解説」から一部引用します。

> 　複数税率制度の下で前段階税額控除の仕組みを適正に機能させるためには、欧州諸国の付加価値制度において広く採用されているいわゆる「インボイス方式」の導入が不可欠だと考えられていました。
>
> 　すなわち、売手側における適用税率の認識と仕入側における適用税率の認識を一致させるために、売手側に必要な情報（インボイス）の保存を仕入税額控除の適用要件とする必要があります。

　要は欧州諸国の付加価値制度で採用されている「インボイス方式」を導入するもので、理由にならない理由をつけています。

インボイス導入の本音

　インターネットで「インボイスの本当の狙いは何ですか？」と検索しますと、次のような解説がありました。

　「2023年10月1日からは、『消費者から預かった消費税を自分の利益とせずに、国に納税してください。』という［益税］をなくすことが本来のインボイス制度の目的となります。」

免税事業者の排除を狙う

　税のしくみから、全ての事業者が課税事業者になることが理想です。そこで、免税事業者を課税事業者にすることを狙って、インボイス制度が導入されたのです。

　免税事業者をなくし、課税事業者にすれば、前述の［益税］もなくなり、消費税の課税のシステムも適切に動くことになります。

　消費税システムの完結を目指し、免税事業者の排除を狙ってインボイスを導入しましたが、いかなる展開になるのでしょうか？

　インボイスを導入すると、事務負担が増大するため、免税事業者の方は、悩んでおられます。2％の消費税に改正して、免税事業者いじめは止めにしましょう。

163

第2編　現行の消費税法は廃止する

73 免税事業者は課税事業者になって登録する

① 課税事業者の選択

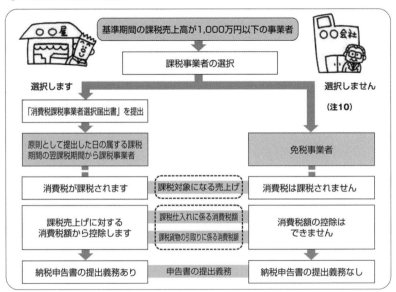

② 免税事業者が登録業者になるには

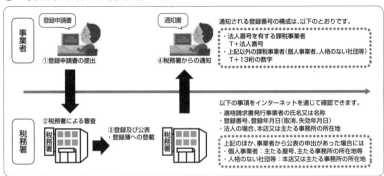

出所：国税庁HP「消費税のあらまし」上21頁。下76頁

164

第8章　インボイスと免税事業者の対応

免税事業者の全員登録を夢見てインボイス制度を導入しました。左の図表のとおり、免税事業者は課税事業者を、左側は「選択します」右側は「選択しません」となっております。

免税事業者の登録手順

免税事業者は、「消費税課税事業者選択届出書」（以下「**選択届出書**」といいます）を提出し、まず「課税事業者」になる必要があります。

その後、税務署長に「適格請求書発行事業者の登録申請書」（以下、「**登録申請書**」といいます）を提出し、登録を受けなければなりません。

そこで、左の図表の左側のラインは、「選択届出書」を提出し、その後、「登録申請書」の提出を行ってインボイスの発行事業者になります。

ただし、2023（令和5）年10月1日から2029（令和11）年9月30日までの日を含む課税期間中に登録を受ける場合には、登録を受けた日から課税事業者となる経過措置が設けられています。そのためこの期間内であれば、「登録申請書」を提出すれば、「選択届出書」の提出は不要になっています。

免税事業者を続ける

課税事業者になると、インボイスは発行できるものの、過重な事務負担が生じます。

そこで図表の右のラインは、「選択届出書」を提出せず、そのまま免税事業者を続けることができます。消費税は課税されず、納税申告書の提出義務もありません。

免税事業者は登録しない

2024年4月2日のNHKのTVによりますと、現在時点で、インボイスを登録した事業者が約400万事業者で、そのうち免税事業者の3分の1と報道していましたが、最近の報道では198万事業者とありました。免税事業者が約513万事業者とされていますから、約315万事業者は免税事業者のままになります。

165

第2編　現行の消費税法は廃止する

74 免税事業者が登録すると 20%の特例がある

①2割特例の適用対象者

　適格請求書等保存方式を機に免税事業者から適格請求書発行事業者として課税事業者になった事業者に適用されるため、以下のいずれかに該当する場合には、本特例の適用はありません。

1　適格請求書発行事業者でない課税事業者

2　次に掲げる場合などのように適格請求書等保存方式と関係なく課税事業者となる者

　・基準期間における課税売上高が1,000万円を超える事業者

　・資本金1,000万円以上の新設法人

　・調整対象固定資産又は高額特定資産の取得により免税事業者とならない事業者

　上記に加え、課税期間の特例の適用を受ける場合も、本特例の適用はありません。

②納付税額の計算方法等

　具体的な計算方法は以下のとおりです。

売上税額　－　売上税額　×　80％　＝　納付税額（＝売上税額の2割）

> （例）1年間の売上げが700万円（税70万円）の場合の納付税額
> 70万円　－　70万円　×　80％　＝　14万円

　2割特例の適用を受けるには、確定申告書に2割特例の適用を受ける旨を付記すればよく、事前の届出は不要です。

　また、簡易課税制度選択届出書を提出している事業者であっても、2割特例により申告することができます。簡易課税制度と異なり、2年間継続して適用するといった要件もありません。

　簡易課税制度と異なり、一律に80％の税額控除を行うこととなるため、簡易課税制度で求められる各業種に応じた売上・収入の区分が不要となり、適用税率毎に売上税額を把握するだけで申告書の作成が可能となるため、更なる事務負担の軽減が図られることとなります。

出所：国税庁HP「消費税のあらまし」上75頁。下76頁

第8章　インボイスと免税事業者の対応

　インボイス発行事業者は、2023（令和５）年10月１日から2026（令和８）年９月30日までの日の属する各課税期間には、一定の要件に当てはまれば、納税額を課税標準額に対する「消費税額の20％」にする経過措置（**２割特例**）が設けられています。

適用対象者

　この２割特例は、免税事業者がインボイス発行事業者になったこと、または、「選択届出書」を提出したことによって、免税事業者とならなくなった場合にのみ、適用があります。

　これは、これまで免税事業者であった事業者が、課税事業者になり、インボイスの事務を一度に義務付けられると、事務処理ができなくなるため、当初の３年間に限り、事務負担をなくし簡単な方法で、税額が計算できるようにしたものです。

　免税事業者が課税事業者になり、本格的なインボイス事務を始めるまでの準備期間、トレーニング期間の経過措置なのです。

適用対象とならないケース

　次のいずれかに該当する場合には２割特例の適用はできません。

　　ア、インボイス発行事業者でない課税事業者

　　イ、インボイス方式と関係なく課税事業者となる事業者。

　左の上の図表の例示のとおりです。

納税額の計算方法

　左の下の図表のとおりです。枠囲の中で、１年間の売上が700万円（税70万円）の場合には、「消費税額の２割」ですから70万円×20％＝14万円になります。

　本来ならば、「売上税額」70万円から、「仕入税額」を計算し、差引しますが、「仕入税額」を80％として、70万円－56万円＝14万円の納税をします。

　実は、この計算は筆者の改正案の「２％の消費税」なのです。

　700万円×２％＝14万円です。

167

第2編　現行の消費税法は廃止する

75 買手には80%・50%控除の経過措置がある

免税事業者等からの課税仕入れに係る経過処置

　適格請求書等保存方式の開始後は、免税事業者や消費者など、適格請求書発行事業者以外の者から行った課税仕入れに係る消費税額を控除することができなくなります。

　ただし、区分記載請求書等と同様の事項が記載された請求書等を保存し、帳簿にこの経過措置の規定の適用を受ける旨が記載されている場合には、令和5年10月からの3年間は、仕入税額相当額の80%、令和8年10月からの3年間は、仕入税額相当額の50%を仕入税額として控除することができる経過措置が設けられています。

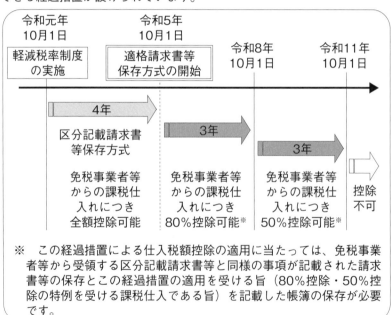

※　この経過措置による仕入税額控除の適用に当たっては、免税事業者等から受領する区分記載請求書等と同様の事項が記載された請求書等の保存とこの経過措置の適用を受ける旨（80%控除・50%控除の特例を受ける課税仕入である旨）を記載した帳簿の保存が必要です。

出所：国税庁HP「消費税のあらまし」74頁

第8章　インボイスと免税事業者の対応

免税事業者からの仕入れ

2023（令和5）年10月1日からの「インボイス保存方式」では、インボイス発行事業者として登録を受けた事業者しか、インボイスを発行することができません。

免税事業者のままでは、登録を受けることができないため、インボイスを発行することができません。したがって、免税事業者からの仕入については、原則として、「税額控除」ができなくなりました。

買手の税額控除の経過措置

上記のとおり、2023（令和5）年10月1日以降、「インボイス保存方式」では、免税事業者を含むインボイス発行事業者以外の者からの仕入については、買手は原則として、「税額控除」ができません。

しかし、これでは、これまでの取扱いより事態が急変し、現場が混乱しますので、緩和措置として、左の図表のような経過措置がとられています。

インボイス保存方式の適用開始から6年間は、インボイス発行事業者以外の者からの仕入については、次のとおり、仕入税額の80％・50％の割合に限り、「税額控除」が認められます。

2023（令和5）年10月1日〜2026（令和8）円9月30日まで、「仕入税額」×80％が控除可能です。

2026（令和8）年10月1日〜2029（令和11）年9月30日まで「仕入税額」×50％が控除可能です。

適用を受けるための経理処理

この経過措置の適用を受けるためには、インボイスとは別に管理が必要となりますから細心の注意が必要です。

帳簿には「区分記載請求書等保存方式」での記載事項と、経過措置の適用を受ける旨の記載が必要です。

この経過措置によって控除されなかった仕入税額分は、損金または費用とします。

169

第2編 現行の消費税法は廃止する

76 513万の免税事業者は全員が登録しない

課税事業者を選択しますか

基準期間の課税売上高が1,000万円以下の事業者であっても、「消費税課税事業者選択届出書」を提出することにより、課税事業者となることができます。

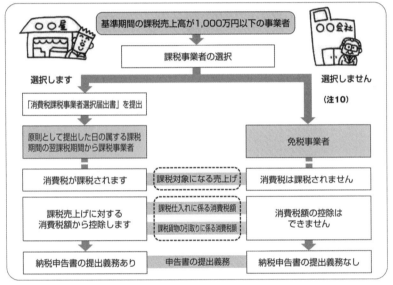

出所：国税庁HP「消費税のあらまし」21頁

事 業 者 数 の 区 分

（単位万）

国内事業者総数 813	課税事業者 300	未登録 33	インボイス 465
		登録 267	
	免税事業者 513	登録 198	
		未登録 315	

170

第8章　インボイスと免税事業者の対応

事業者数の区分

　左の下の図表は**事業者数の区分**をまとめたものです。

　統一された情報がなく、調査時点もマチマチで統一性はありません。

　書籍、新聞、NHKテレビなど、から断片的に拾い上げたものです。

　国内事業者の総数を813万として、概算で、そのうち300万を課税事業者、513万（財務省推計値）を免税事業者としました。

　そして、2024年4月2日のNHKテレビの報道により、右側のインボイス登録者数約400万とその3分の1が免税事業者との報道がありましたが、2024年6月1日の日本経済新聞に、「2023年に新たに198万人がインボイス発行事業者になった」との記事がありました。

　この両者をミックスして、左のように数字を置き換えました。

免税事業者の登録者数

　上記の計算で、免税事業者の内インボイス登録者は198万になりました。この人たちは、かなり考え抜いて、登録をされた人たちです。

　免税事業者のままだと、買手の販売先の事業者から、取引を断られることになる等の配慮から、イヤイヤながらインボイスの登録をしたものと思われます。

　課税事業者になると過大な事務負担を伴い、さらに課税されるのですから、踏んだり蹴ったりで良いことは何もありません。ただ生活をかけて、仕事を維持するためにやむを得ない選択をしたのです。

免税事業者を維持する

　免税事業者のインボイスの未登録者は315万にも上ります。

　左の上の図表の右側「課税事業者の選択をしません」を選んだ人たちです。つまり、免税事業者を続けることで、消費税は課税されず、申告の義務もありません。

171

第２編　現行の消費税法は廃止する

77 免税事業者は値下げか廃業せざるを得ない

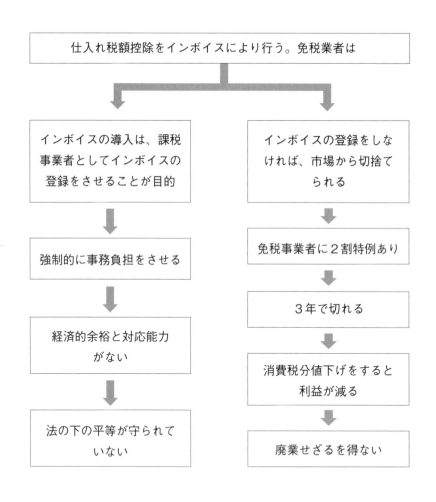

第8章　インボイスと免税事業者の対応

年商をMAX1,000万円として、飲食店のみなし仕入率60％を適用しますと400万円×10％＝40万円の［益税］が生じます。

前76項の事業者数の区分によりますと、課税事業者300万よりも多い、未登録の免税事業者315万が併存していることになります。ざっと２社に１社が免税事業者になる計算です。

免税事業者のままでも、お客様が、対消費者であり、消費者と直接商いをする場合は、インボイスの要求は少ないでしょうから、これまでとおり生き残れます。

問題はお客様が課税事業者である場合に以下のような問題が発生します。

インボイスの登録をする

198万の免税事業者がインボイスの登録をしました。

左の図表の左側のラインです。この度のインボイス導入の目的が、免税事業者の排除にあり、免税事業者を課税事業者としてインボイスの登録をさせることにあります。

この目的は198万ほど達成し、免税事業者の約39％がインボイスの登録を受けました。残り61％の免税事業者は、目的を達成せず、免税事業者のままで残っています。

この点からインボイス制度導入は失敗であったと言わざるを得ません。

このインボイスを登録した免税事業者は年商1,000万円以下の家内労働的な事業者ですから、強制的にインボイスの事務負担に耐えられるかどうか心配です。

値下げをする

インボイスを登録せずに課税事業者と商いを続けるための対策としては、消費税分を値下げすることです。この場合10％分利益が減少します。

廃業をする

インボイス制度の導入により、事業が廃業に追い込まれることも考えられます。次項で検討します。

173

第2編　現行の消費税法は廃止する

78　税制が職業選択の自由を奪っていいのか

免 税 事 業 者 の 判 断 基 準

①　課税事業者の届出はするが、インボイスは登録しない

　免税事業者が課税事業者の届出をして、インボイスの発行事業者にならないという選択をする。
　理由は、インボイスの発行には、事務負担が重いため、発行をあきらめて事業の廃止も視野に入れた対応。
　あるいは、お客様の多くが消費者で、インボイス発行の必要がないケースの対応。

②　免税事業者を続ける

　免税事業者を続け、販売価格を消費税分引き下げる対応。
　事業者の側からは、消費税分を支払わない方法がある。

③　課税事業者になりインボイスを発行する

　取引先からの要請によって、免税事業者が課税事業者の届出をしてインボイスの登録を受ける対応。

174

第8章　インボイスと免税事業者の対応

　この項のテーマは次のとおりです。今回のインボイス導入の税制によって、国民の**職業選択の自由**が奪われ兼ねない事態に直面しています。それは、インボイスにより、過大な事務負担を強制し、それをクリアしなければ、課税事業者との取引ができなくなるように、税制が、国民を追い込んでいるからです。

　悪法の消費税法に、さらに強制力を追加した税制は、国民の職業選択の自由を奪うものであり、直ちに廃止すべきです。

　以下は、免税事業者の対策ですが、免税事業者の事業の種類、お客様との対応関係によって、免税事業者の対応はケースバイケースになり、絶対的な対策はありません。

　次に、大まかな方向づけをまとめました。

課税事業者の届出をしてインボイスは登録しない

　少しわかりづらいですが、免税事業者が課税事業者の届出だけをして、インボイスの発行事業者にならないという選択があります。これは単に組合わせの産物です。

　この理由としては、インボイスの発行には事務負担が重いため、発行をあきらめて、事業の廃止も視野に入れた対応。あるいはお客様に消費者が多く、インボイス発行の必要がないケースの対応になります。

免税事業者を続ける

　免税事業者を続け、消費税分を値下げして対応する。

　ひどい話ですが、買手の事業者の方は免税事業者が消費税を請求しても消費税分を支払わない対応が考えられます。弱い者いじめです。

課税事業者になり、インボイスを発行する

　取引先からの要請によって、免税事業者が課税事業者の届出をして、インボイスの登録を受ける対応です。

　若手の事業者であれば、将来の事業の発展を考え、チャレンジする方法です。

175

第２編　現行の消費税法は廃止する

79 こうして６年後には免税事業者は抹殺される

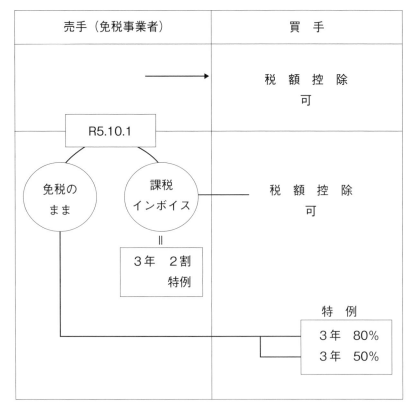

６年後、市場で生き残れなくなる。
消費者を対象とした事業者は生き残る。

第8章　インボイスと免税事業者の対応

　免税事業者が513万もあるのに、なんで、免税事業者をやり玉に上げて、抹殺しようとするのですか？

　免税事業者の活躍で、街が賑わい活気があふれているのに、これを殺してさらにシャッター通りを増やそうとするのですか？

　消費税の敵は、免税事業者ではなく課税事業者なのです。本当に狙い撃ちするのは、課税事業者のほうなのです。

　それは、現行消費税法の当初からの選択ミスで「税額控除」を金科玉条として［返る税］を生み、それを着服している輸出業者や大型設備投資を行う大企業に向けられるべきものだからです。

　免税事業者は、優しく育てて、将来の中小企業、大企業へと、発展させなければなりません。

　この度のインボイス導入に当たって、課税当局は免税事業者を気にしているというジェスチャーで、2つの経過措置を用意しました。

免税事業者への「2割特例」

　免税事業者が課税事業者になり、インボイス発行事業者となりますと、過重な事務負担が一気に増えてしまいます。

　それをなんとか緩和するため、消費税の計算を「売上税額の2割」にする経過措置を作りました（74）。

　事務処理は何もしなくても、売上高に10％の税率をかけ、その2割を計算するだけで、納税できるのです。

買手への80％・50％の税額控除

　インボイス発行業者以外からの仕入税額は控除できなくなりました。

　免税事業者からの「仕入税額」については80％、50％の控除を認めるものです（75）。

それでも6年後には抹殺される

　上記の経過措置は6年間で期限切れになります。

　免税事業者が抹殺されます。

177

第２編　現行の消費税法は廃止する

コラム８

課税期間

1　原則		
個人事業者	１月１日から12月31日までの期間	消法19① 一、二
法人	事業年度	

2　特例		
個人事業者	その選択により１月ごと又は３月ごとの各課税期間に短縮することができる。	消法19① 三、三の二
法人	その選択により１月ごと又は３月ごとの各課税期間（最後に１月又は３月未満の期間を生じたときは、その１月又は３月未満の期間）に短縮することができる。	消法19① 四、四の二

出所：令和５年度版税務インデックス257頁

納税地

個人事業者	住所地、居所地、事務所等の所在地、その他一定の場所の順に納税地となる。	消法20
法人	本店又は主たる事務所等の所在地、その他一定の場所の順に納税地となる。	消法21
輸入取引	外国貨物の引取りに係る保税地域の所在地が納税地となる。	消法26

出所：令和５年度版税務インデックス257頁

課税標準

1　課税標準			
	原則	課税資産の譲渡等（特定資産の譲渡等を除く）の対価の額（対価として収受し又は収受すべき一切の金銭又は金銭以外の物若しくは権利その他経済的利益の額とし、消費税及び地方消費税の額を含まないものとする）及び、特定課税仕入れに係る支払対価の額（対価として支払い又は支払うべき一切の金銭又は金銭以外の物若しくは権利その他経済的利益の額とする）	消法28①②
	法人によるその役員に対する低額譲渡	法人が資産をその役員に譲渡した場合における対価の額が時価に比し著しく低いときは、その時価	消法28①
	代物弁済	その代物弁済により消滅する債務の額	消令45②一
	負担付き贈与	その負担付贈与に係る負担の価額	消令45②二
	金銭以外の資産の出資	その出資により取得する株式の取得時の時価	消令45②三
	資産の交換	その交換により取得する資産の交換時の時価	消令45②四
みなし譲渡	個人事業者の家事消費等	その消費等の時における時価	消法28②一
	法人によるその役員に対する贈与	その贈与の時における時価	消法28②二
	輸入取引	保税地域から引き取られる課税貨物の関税課税価格に、その引取りに係る消費税以外の個別消費税等及び関税の額を加算した金額	消法28③

出所：令和５年度版税務インデックス（税務研究会出版局）258頁

178

第9章　インボイス廃止のメリット

①小規模事業者が生き残れる

　何の罪もない小規模事業者を、税制が追い込み廃業させるのは、憲法に違反するのではないかと思われます。

　「2％の消費税」に改正すると、インボイスは即刻廃止です。小規模事業者の方もインボイスに悩まずに仕事ができ、生き残ることができます。

②インボイスも犯罪行為である

　「税額控除」を一段と強化するシステムがインボイス制度です。

　「税額控除」が［返る税］を生む犯罪行為ですから、インボイス制度そのものが犯罪行為になるのです。

　インボイス廃止によって、この犯罪行為が解消されます。

③事業者の事務負担がゼロになる

　誰も、何も、トクすることがないインボイスの事務が「2％の消費税」に改正することにより、ゼロになるのです。

④インボイスのゴミの山がなくなる

　誰のための税制なのか。納税者を信頼すれば、7年間の、インボイスのゴミの山を保存する必要はありません。

　税務調査のために保存を要請するなら国が倉庫代を負担すべきです。まして、全事業者の税務調査ができるはずもありません。単なる「オドシ」なら保存の必要はありません。

　いずれにしても「2％の消費税」に改正するとゴミの山はなくなります。

第2編　現行の消費税法は廃止する

80 何よりも小規模事業者が生き残れる

インボイス制度は全面廃止される

仕入税額控除システムも廃止される

免税事業者の免税もなくなる

小規模事業者、免税事業者も全ての事業者が課税売上の2％の消費税を納税する

小規模事業者は他の事業者と対等にビジネスの展開ができ、生き残ることができる

インボイス制度は全面廃止する

　誰も、何も、良くなることがない「インボイス制度」は直ちに、全面的に廃止します。

　全く「無意味な制度」をよくもここまで積み上げたものです。

　私ども税理士が見ても、逃げ出したくなるほど、複雑で、ウンザリします。

　これを永遠に続けることになると絶望的です。

　今回は、インボイス制度だけでなく、現行消費税法をすべて廃止するもので、一から「2％の消費税」に作り直す改正案を提案しているのです。

　そのため、左の図表の3段目まで、すべてなくなります。

　インボイス制度は全面廃止されます。これを聞くと、経理担当者や税理士も、ホッとして、明るい展望が開けます。

　税額控除システムも廃止されます。これは［返る税］をなくし、「公金着服」もなくなります。

　そして、免税事業者の免税もなくなります。本来、お客様から消費税を預かっているのですから、それを納税するのは当たり前のことです。

「2％の消費税」を納税します。

　税率を2％に下げて、全事業者が納税をします。各事業者の税額控除は一切ありません。

　税額の計算は、売上高の2％をかけるだけですから、小規模事業者の方も事務負担はゼロになります。納品書や請求書も不要です。

免税事業者も生き残れる

　すべての事業者が課税事業者になりますから、免税事業者だからと言って市場から排除されることはなくなります。

　免税事業者も、他の事業者と対等にビジネスの展開ができるのです。

　めでたしめでたしです。

第2編　現行の消費税法は廃止する

81　インボイス制度の犯罪行為の助長を解消

| 税の累積排除の信念 |

| 税額控除をする |

| 事業者は消費税を負担しない
多額の[返る税] |

| 公金着服、公金横領
詐欺など犯罪行為 |

| インボイス税度は犯罪行為を
助長するものである |

| 直ちに改正をすれば、国家的
刑事法違反が解消する |

182

第9章　インボイス廃止のメリット

最終の章にあたり、現行の消費税の問題点をまとめて置きます。

左の図表に従って述べていきます。

税の累積排除と税額控除

誰が考えたのか、「税の累積排除」を「せねばならぬ」と信念のごとく、思い込んで、誤りの第一歩が始まりました。

土台の基礎工事ですから、一度ずれると傾いた建造物が建ってしまいます。「税の累積排除」は、即「税額控除」をすることになります。

理論的に、説得力があるのは、商品の物流、がある部分のみです。メーカー、卸売業者、小売業者と物流し、その都度消費税が課税されるので、これを排除しようという試みです。

これを冷静に考えると、別に排除しなくても、何の問題もないのですが、ヒステリックに税額控除をします。

そして、その垣根を越えて、経費や設備投資にまで、「税額控除」を拡大してしまったのです。大きな「落し穴」にはまったのです。

公金着服の犯罪行為となる

「税額控除」は2つの過ちを犯します。

1つは、「税額控除」によって、事業者は消費税の負担から逃れ、一銭も消費税を負担しないことになるのです。

2つはその結果、買手から預かっている消費税（公金）を事業者が着服することになるのです。

これが「公金着服」「公金横領」「詐欺」など、犯罪行為となっているのです。

インボイス制度は犯罪行為を助長する

「税額控除」の終着駅が「インボイス制度」です。

「税額控除」は結果的に犯罪行為を生じさせますから、インボイス制度の導入は、その犯罪行為を助長するものになります。

インボイス制度を含め、現行消費税法を直ちに廃止すれば、現在の刑事法違反事件が、解消することになります。

183

第2編　現行の消費税法は廃止する

82 インボイスによる膨大な事務負担がゼロ

税額計算の方法
　令和5年10月1日以降の売上税額及び仕入税額の計算は、以下の①又は②を選択できます。
① 適格請求書に記載のある消費税額等を積み上げて計算する「積上げ計算」※
② 適用税率ごとの取引総額を割り戻して計算する「割戻し計算」
　ただし、売上税額を「積上げ計算」により計算する場合には、仕入税額も「積上げ計算」により計算しなければなりません。
　なお、売上税額について「積上げ計算」を選択できるのは、適格請求書発行事業者に限られます。

■売上税額及び仕入税額の計算方法

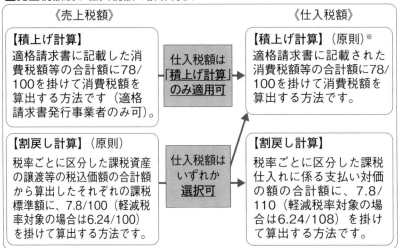

※　仕入税額の積上げ計算の方法として、課税仕入れの都度、課税仕入れに係る支払対価の額に110分の10（軽減税率の対象となる場合は108分の8）を乗じて算出した金額（1円未満の端数が生じたときは、端数を切捨て又は四捨五入します。）を仮払消費税額等などとし、帳簿に記載（計上）している場合は、その金額の合計額に100分の78を掛けて算出する方法も認められます（帳簿積上げ計算）。
出所：国税庁HP「消費税のあらまし」75頁

第9章　インボイス廃止のメリット

筆者は1970（昭和45）年に27歳で税理士事務所を開業して、約50年間、実務処理をして参りました。現在は税理士法人黒木会計の会長職として、実務から離れています。

実務から離れますと、驚くスピードで税務知識が薄れてきます。

かろうじて、執筆活動を続けておりますから、なんとか税務知識を保っている状態です。

税額計算の方法

左の表は消費税の「税額計算の方法」を掲載しています。

2023（令和5）年10月1日以降の売上税額および仕入税額の計算は、以下のアまたはイを選択できます。

　　ア、インボイスに記載のある消費税等を積み上げて計算する（積上げ計算）

　　イ、適用税率ごとの取引総額を割り戻して計算する（割戻し計算）

このようにインボイス導入によって、計算が複雑化しています。それに伴い当然、事務負担も膨大になっています。

消費税は間接税である

間接税は、税金を負担する人から預かった金額をそのまま納税する仕組みのものです。

消費税は間接税でありながら、事業者に過重な事務負担を強制しています。

35年もの間、課税当局がじわりじわりと事務負担を増やした結果、このような無様な姿となりました。

事務負担から解放される

今回筆者が提案する「2％の消費税」では事務負担は一切なくなり、解放されます。

夢のような話です。改正が実現するまで、どれだけの年数がかかるのか、想定できませんが、1日も早く実現させるように、皆様方のご協力をお願い申し上げます。

185

第２編　現行の消費税法は廃止する

83　日常の経理処理が簡素になる

適格請求書及び適格簡易請求書の記載事項

　記載事項は、以下のとおりです（下線の項目が現行の区分記載請求書等の記載事項に追加される事項です。）。

適格請求書	適格簡易請求書※
①適格請求書発行事業者の氏名又は名称及び<u>登録番号</u> ②取引年月日 ③取引内容（軽減税率の対象品目である旨） ④税率ごとに区分して合計した対価の額（税抜き又は税込み）及び<u>適用税率</u> ⑤<u>税率ごとに区分した消費税額等</u> 　（端数処理は一請求書当たり、税率ごとに1回ずつ） ⑥書類の交付を受ける事業者の氏名又は名称	①適格請求書発行事業者の氏名又は名称及び<u>登録番号</u> ②取引年月日 ③取引内容（軽減税率の対象品目である旨） ④税率ごとに区分して合計した対価の額（税抜き又は税込み） ⑤<u>税率ごとに区分した消費税額等</u>（端数処理は一請求書当たり、税率ごとに1回ずつ）又は<u>適用税率</u> ※　不特定多数の者に対して販売等を行う小売業、飲食店業、タクシー業等に係る取引については適格請求書に代えて交付することができます。

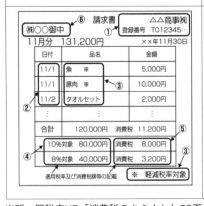

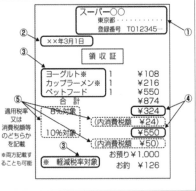

出所：国税庁HP「消費税のあらまし」69頁

第9章　インボイス廃止のメリット

インボイスの記載事項

　左の図表のインボイスの記載事項をまとめたものです。

　　　1、インボイス発行事業者の氏名または名称および登録番号。
　　　　Tではじまる番号です。
　　　2、取引年月日
　　　3、取引内容（軽減税率の対象品目である旨）
　　　4、税率ごとに区分して合計した対価の額および適用税率
　　　5、税率ごとに区分した消費税額
　　　6、書類の交付を受ける事業者の氏名または名称

となっています。

　これを一枚一枚収集し、集計することになります。何の目的かと言いますと、「税額控除」をするための作業です。

　「税額控除」は、決算書のデータから概算で拾うことが可能です。

　決算書の仕入、経費・設備投資から計算すれば把握できますし、インボイスがなくても、事業者の経理を信用すればすむことです。

　目くじらを立ててインボイスを導入し、多大な事務費をかけて、どれだけ正確なものになるのでしょうか？

インボイス以外の書類の区分

　免税事業者が2社に1社います。インボイス発行事業者以外からの仕入税額は、控除できません。しかし、6年間ほど、経過措置があって、**80％・50％の控除**ができます（75）。

　この適用をするために、インボイス発行事業者以外の請求書、領収書などを区別して管理しなければなりません。

　日常の経理処理の重荷になっています。

「2％の消費税」で開放される

　「2％の消費税」では、売上高に2％かけたものが納税額ですから、日常の経理処理は一切不要になります。

187

第2編　現行の消費税法は廃止する

84　帳簿やインボイスのゴミの山がなくなる

帳簿と請求書類の両方の保存

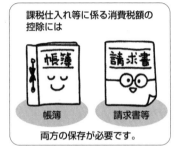

消費税等の税率は標準税率(10%)と軽減税率(8%)の複数税率ですので、事業者の方は、消費税等の申告等を行うために、取引等を税率の異なるごとに区分して記帳するなどの経理（区分経理）を行う必要があります。

課税仕入れ等に係る消費税額を控除（仕入税額控除）するには、課税仕入れ等の事実を記録し、区分経理に対応した帳簿及び事実を証する請求書等の両方の保存が必要となります(注6)。これらの両方が保存されていない場合(注7)(注8)は、保存されていない課税仕入れ等に係る消費税額は控除の対象となりません。

なお、令和5年9月30日までに行われた課税仕入れについては、区分記載請求書等の保存が必要であり（区分記載請求書等保存方式）、令和5年10月1日以後に行われた課税仕入れについては、適格請求書（インボイス）等の保存が必要となります（適格請求書等保存方式（インボイス制度））。

 帳簿の記載事項

課税仕入れ	①課税仕入れの相手方の氏名又は名称(注9)、②課税仕入れを行った年月日、③課税仕入れの内容（軽減税率の対象品目である旨）、④課税仕入れの対価の額
課税貨物（輸入）	①引取年月日、②課税貨物の内容、③課税貨物の引取りに係る消費税額及び地方消費税額又はその合計額

出所：国税庁HP「消費税のあらまし」32頁

第9章　インボイス廃止のメリット

帳簿とインボイスの両方の保存

　消費税の税率は標準税率（10％）と軽減税率（8％）の複数税率です。事業者は、取引等を税率の異なるごとに区分して記帳する経理（区分経理）を行う必要があります。

　課税仕入等の消費税を控除するには、課税仕入等の事実を記録し、区分経理に対応した帳簿および事実を証する請求書等の両方の保存が必要となります。これらの両方が保存されていない場合は、保存されていない課税仕入の消費税額は控除できません。

　なお、2023（令和5）年10月1日以降に行われた課税仕入についてはインボイス等の保存が必要となります。

なんと7年間保存

　原則として、所定の事項が記載された帳簿及び請求書等の保存が税額控除の要件となります。

　帳簿および請求書等は、次の期間、納税地またはその取引に係る事務所、事業所その他これらに準ずるものの所在地に保存しなければなりません。

　　ア、帳簿は、その閉鎖の日の属する課税期間の末日の翌日から
　　　　2月を経過した日に保存を開始し、その後7年間
　　イ、請求書等は、その受領した日の属する課税期間の末日の翌
　　　　日から2月を経過した日に保存を開始し、その後7年間
　ただし、6年目以降はいずれが一方の保存で足ります。

　この帳簿類とインボイスは、納税者の立場からは、日常すべてチェックし、コンピュータ処理していますから、すべて不要なデータで、保存の必要がないゴミの山です。

改正されると解放される

　「2％の消費税」に改正されますと、「税額控除」がなくなりインボイスもなくなりますので、保存期間は短縮しても良いでしょう。

　本来、間接税ですから、帳簿等の保存は不要なものです。

189

第2編　現行の消費税法は廃止する

85 優遇措置が切れるまでに改正しよう

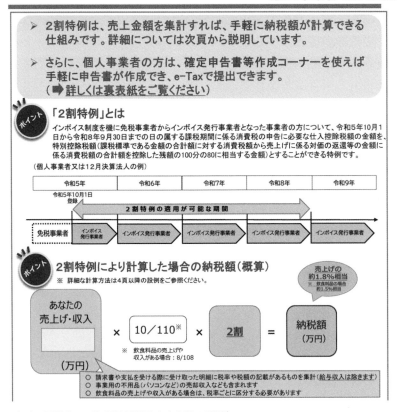

出所：国税庁HP「2割特例用確定申告書の手引」

第9章 インボイス廃止のメリット

免税事業者の２割特例

　免税事業者が、課税事業者となって、インボイス発行事業者の登録をした場合には、納税額を課税売上の10％の２割とする「２割特例」の措置があります（74）。

　この特例の対象となる期間は、2023（令和５）年10月１日から、2026（令和８）年９月30日までの日の属する課税期間と定められています。

　左の図表の矢印のところです。個人事業者の場合には、令和５年10月１日以降の12月31日と令和６年、令和７年、令和８年12月31日までの期間になります。

　この間は、たとえば売上高を700万円としますと、その消費税が10％で70万円、その２割は14万円の納税になります。

本の出版と拡販

　「２％の消費税にする」という本の構想は2023年11月３日からスタートいたしました。

　２月17日ごろから執筆に入り、約100日間苦難の日々を送りました。47冊目の本ですが、こんなに苦労したのは初めてです。

　書き進める度に、新しい発見があり、その都度見直しを加えて、目次の変更は42回に及びました。

　2024年５月23日に書き終えましたが、まだこれから字句修正や文字詰めなど、もうひと山作業があります。

　まずは、この改正案を多くの人に読んでいただき、「改正が必要なんだ」とご理解をいただくことが、第一歩と考えています。今年の残る半年は本の拡販に努めます。

「令和の百姓一揆」構想

　国民的運動にならないと、成功しません。「令和の百姓一揆」として、国民の心を一つにするため、「日本税制会議」を立上げ、結集したいと思っています。来年からの構築になるでしょう。

第2編　現行の消費税法は廃止する

コラム9

対価の返還等の消費税額の控除

1　売上に係る対価の返還等 　課税資産の譲渡等（特定資産の譲渡等を除く）につき返品を受け又は値引若しくは割戻しをしたことによる、その対価の額の返還又は売掛金等の減額をいう。	消法38
2　消費税額の控除 　課税標準額に対する消費税額 　　－売上に係る対価の返還等の金額に係る消費税額 ※　控除しきれない金額があるときは、還付される。	消法38

出所：令和5年度版税務インデックス272頁

貸倒れに係る消費税額の控除等

1　貸倒れの事実 　売掛金その他の債権につき更生計画認可の決定により債権の切捨てがあったこと、その他これに準ずる一定の事実をいう。	消法39① 消令59
2　貸倒れに係る消費税額の控除 　　課税標準額に対する消費税額　－　領収不能額に係る消費税額 ※　控除しきれない金額があるときは、還付される。	消法39①
3　貸倒回収に係る消費税額の加算 　2の規定の適用の対象となった貸倒れ対価の額の領収をしたときは、その領収額に係る消費税額を課税標準額に対する消費税額に加算する。 　　課税標準額に対する消費税額　＋　領収額に係る消費税額	消法39③

出所：令和5年度版税務インデックス272頁

申告・納付等

1　確定申告期限			
法人	課税期間の末日の翌日から2月以内 （提出期限の特例の適用法人は、3月以内（注））		消　法45① ④、45の2 ①
清算法人 （残余財産が確定した場合）	確定日の翌日から1月以内 （その1月以内に残余財産の最後の分配が行われる場合には、その行われる日の前日）		
個人事業者	翌年の3月31日まで		措法86の4 ①
（注）　令和3年3月31日以後に終了する事業年度終了の日の属する課税期間につき適用。			

出所：令和5年度版税務インデックス（税務研究会出版局）273頁

索引
（50音順）

あ

赤字税務署 ……………… 113

委託者 ………………… 71

一括比例配分方式 …… 65,153

インボイス制度 ………… 41

インボイス発行事業者 … 161

売値が上がる ………… 57

売値が下がる ………… 57,61

益税 ………………… 11

か

課税事業者 ……………… 2,3

簡易課税制度 ………… 1

間接税 ………………… 51

還付 ………………… 57

基準期間 ……………… 1,35

軽減税率 ………………… 7

経世済民 ………………… 117

減税効果 ………………… 59

源泉徴収税額 ………… 21

公金着服 ……………… 21,53

国税通則法 ……………… 5

国民主権主義 ………… 69

国士 ………………… 117

個別対応方式 ………… 65,153

ゴミの山 ……………… 179

さ

財界人 ……………… 105,117

最終消費者 ……………… 9

サバイバル ……………… 95

事業者数の区分 ………… 171

システムに欠陥 ………… 1

事務負担 ……………… 65

衆議院選挙の争点 ………… 2

受託者 ……………… 71

小規模事業者 ……………… 2

少子化対策 …………… 47

消費税の神様 ………… 53

消費税法改正案 ………… 1

職業選択の自由 ………… 175

信託 ……………… 71

税制改正 ………… 81

税制は毎年改正するな … 77

政策減税 ………… 81

政治家の後援会 ………… 97

製造直販 ………… 61

税の専門家 ………… 121

税の累積排除 …………… 5

税法の番人 ………… 121

税理士の怠慢 ………… 115

世界の付加価値税 ……… 113

設備投資 ……………… 149

選択届出書 ……………… 165

選択ミス ……… 53

前段階税額控除 ………… 25

た

知見がない …………… 115

地方消費税 …………… 19

着服 …………… 23

賃金の上昇 …………… 63

登録申請書 …………… 165

取引高税 …………… 23,25

な

2％の消費税 …………… 1,33

2％の物価の上昇 ……… 63

日本税制会議 ………… 69

日本税政連 …………… 119

2割特例 ………… 167

納税義務 ……………… 5

納税者が許容 …………… 105

納税者主権主義 ………… 73

能登半島被災地 ………… 101

は

白紙委任状 ……………… 69

破綻 ………………… 11,104

80％・50％の控除 ……… 187

犯罪行為 ………………… 2

販売価格の見直し ……… 13

東和空師 ……………… 101

非課税売上 …………… 153

標準税率 ………………… 7

付加価値税 …………… 3,25

物価 …………………… 63

物流 …………………… 145

保税地域 ………………… 5

ま

みなし仕入率 …………… 27

免税事業者 …………… 1,3

や

輸出業者 ……………… 17

輸出取引 ……………… 17

輸出免税 ……………… 17

輸出戻し税 …………… 143

輸出割合 ……………… 17

輸入取引 ……………… 13

夢の算式 ……………… 103

ら

流通経路 ……………… 61

令和の百姓一揆 ……… 2,191

参考文献など

松沢　智　　「租税法の基本原理」中央経済社

税務研究会「令和5年度版　税務インデックス」税務研究会出版局

税務研究会「令和6年度版　税制改正のポイント速報版」税務研究会出版局

山田晃央（編者）「図解　消費税」大蔵財務協会

和氣　光（編著）「消費税の実務と申告」大蔵財務協会

和氣　光　「令和5年版　基礎から身につく消費税」大蔵財務協会

辻敢・本田望・斎藤雅敏「消費税入門の入門」税務研究会出版局

菊谷正人（監修）「よくわかる　消費税インボイス制度」中央経済社

渡辺章　　「インボイス導入で変わる消費税実務」ぎょうせい

金井恵美子「理解が深まる　消費税インボイス制度Q＆A」税務研究会出版局

石川幸恵　「基礎からわかるインボイス」清文社

国税庁　　インターネット・ホームページ　消費税のあらまし　1頁～81頁

湖東京至先生　インターネット・ホームページ　湖東レポートなど

黒木貞彦著書一覧表

初版発行年月日　　　　著書名・出版社名
- （1）1987年10月20日　「税法活用事典－相続・贈与編」ぎょうせい
- （2）1989年03月12日　「相続・贈与の節税事例105」ダイヤモンド社
- （3）1991年02月28日　「初めての法人税」日本実業出版社
- （4）1991年09月20日　「要点解説　はじめての簿記」日本実業出版社
- （5）1991年07月01日　「はじめての簿記」ぎょうせい
- （6）1992年08月01日　「会計事務所の再構築」ぎょうせい
- （7）1993年01月30日　「社長！！会計はパソコンにまかせなさい」日本実業出版社
- （8）1994年05月30日　「アパート・マンション経営に成功する法」日本実業出版社
- （9）1995年08月01日　「バブル後の相続対策」ぎょうせい
- （10）1996年04月15日　「ビジネスに活かすインターネット」中央経済社
- （11）1996年08月01日　「自分でできる相続対策」中央経済社

(12) 1997年01月20日 「事典　アパート経営成功法」中央経済社
(13) 1997年07月16日 「法人税の基礎知識」実業之日本社
(14) 1997年08月08日 「利益を生み出す最新コンサルティング」（共著）日経BP社
(15) 1997年09月30日 「辞典　幸運を招く家相と風水」星雲社
(16) 1998年07月01日 「借地権　101年目の改革」（共著）中央経済社
(17) 1999年06月20日 「決算書がわかる」（共著）実業之日本社
(18) 1999年10月05日 「定期借地住宅のすべて」中央経済社
(19) 2000年01月18日 「給与計算がわかる」（共著）実業之日本社
(20) 2000年06月20日 「アパート経営成功の秘訣（コツ）」中央経済社
(21) 2000年02月20日 「図解　相続対策・手続きハンドブック」中央経済社
(22) 2004年12月30日 「幸運を招く家相と風水」星雲社
(23) 2005年03月25日 「図解でわかる　かしこい相続対策のすすめ方」中央経済社
(24) 2005年03月25日 「図解でわかる　かしこい贈与のしかた・もらい方」中央経済社
(25) 2005年06月24日 「租税争訟」青林書院
(26) 2005年11月15日 「小さな会社のM＆A」実業之日本社
(27) 2006年10月24日 「これ以上やさしく書けない　法人税の基礎知識　改訂新版」
(28) 2007年12月28日 「これ以上やさしく書けないパソコン簿記のきほん」実業之日本社
(29) 2008年10月02日 「高収益を実現する「新貸家」経営成功の秘訣」ダイヤモンド社
(30) 2009年01月07日 「電車で読める簿記の本」星雲社
(31) 2009年02月01日 「租税争訟　[改訂版]」青林書院
(32) 2009年09月25日 「財産別　贈与のしかた・もらい方」中央経済社
(33) 2009年09月25日 「重点的　相続対策のすすめ方」中央経済社
(34) 2011年04月20日 「税務訴訟制度が壊れている」実業之日本社
(35) 2011年07月10日 「土地オーナーのための「貸家」経営のすすめ」中央経済社
(36) 2011年07月10日 「トラブルに学ぶ税理士事務所の事業承継」清文社
(37) 2014年06月01日 「両親へのアドバイス　老後を自活する相続対策」

中央経済社

（38）2014年06月01日　「両親へのアドバイス　老後を自活する贈与のしか
　　　　　　　　　　　た」中央経済社
（39）2015年06月15日　「貸家経営診断士・貸家経営アドバイザー　資格試
　　　　　　　　　　　験公式テキスト」中央経済社
（40）2015年07月25日　「貸家経営診断士・貸家経営アドバイザー　資格試
　　　　　　　　　　　験公式問題集」中央経済社
（41）2016年10月27日　「今こそ！貸家ビジネス　成功の秘訣」週刊住宅新
　　　　　　　　　　　聞社
（42）2018年09月10日　「RA投資マニュアル」中央経済社
（43）2018年10月10日　「RA投資の波にのれ」中央経済社
（44）2021年08月05日　「お母さんの賢い贈与」中央経済社
（45）2022年03月30日　「老後の住まい」プラチナ出版
（46）2023年09月24日　「悟れる『生き方』と『死に方』」プラチナ出版

あとがき

　最後までお読みいただき、お礼申し上げます。

　第2編では「同じことの繰り返し」が目につきますが、筆者として
は置き換える言葉がなくて、壊れた「レコード」のように「繰り返し」
になっています。

　直そうと試みましたが、多数あるため、あえて直さず、そのままに
しました。これは、現行の消費税法に対する「怒りの言葉」だと思っ
てください。

　実は、昨年家内が亡くなりまして、遺産を残してくれました。この
遺産を財源として、この度の「消費税法改正」の世直し活動を展開し
て参ります。

　無償配布のための本の買い取り代金、発送代、新聞広告代、CDの
発行代、と多額な資金が必要ですが、家内が最大の支援者なのです。

　この功績から、筆者の独断で、今回の「消費税法改正」の源泉とな
る、故黒木智子を「消費税の仏様」として奉ることにしました。

　そこで、この「あとがき」の場を借りて、筆者の「ひとり言」と「消
費税の仏様」を記録として掲載させていただき、哀悼の意を表します。

筆者の「ひとり言」

　あなたは突然、動かなくなりました。夜中に倒れて、朝に発見した時は、まだ体に温もりがありました。
　電池が切れたオモチヤのように、動かないのです。人間の死の瞬間は不思議です。肉体はあるのに、動かないのです。間違いなく、生命（霊・魂）があり、これが電池なのだと思いました。
　まさか、死ぬとは思っていませんでしたから、あなたに「ありがとう」のお礼の言葉を伝えることができませんでした。この場を借りて家族と共にお届けします。
　そして、あなたの遺産を「消費税法改正」の世直しに活用させていただくお礼を申し上げます。

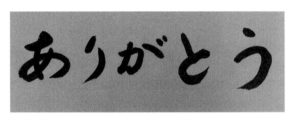

　この筆跡はあなたのものです。お墓に刻もうとして、書いてもらったものです。

夫　　黒木貞彦　税理士、宅建士、RA経営士
長男　黒木寛峰　広島学院中・高校卒。神戸大学卒業。税理士
次男　黒木敬介　修道中・高校卒。広島大学卒業。
　　　　　　　　税理士、公認会計士、アメリカ公認会計士
三男　黒木　優　広島学院中・高校卒、早稲田大学卒業。
　　　　　　　　司法書士、弁護士

「消費税の仏様」

故黒木智子を
「消費税の仏様」
として奉る。

故　黒木智子の足跡

　1945（昭和20）年4月20日、広島県佐伯郡沖美町生まれ、沖美町小学校で成績優秀だったため、広島市内の広島女学院中学に進学し、同校の高校を卒業した後、家業の手助けにと経理の勉強を始めるため、広島市十日市町にあった、広島中央経理専門学校に入学。そこで講師をしていた黒木貞彦とめぐり会う。1965（昭和40）年11月3日、智子20歳、貞彦22歳で結婚した。

　男子3人を出産し、3人の子どもを立派に育てあげたことが最大の功績だった。

　子どもを学習塾に行かせず、中学受験にチャレンジさせ、見事3人とも、有名私立中学校に入学させた。

　その後、子どもが資格を取るまで、教育してくれた。

　そして、58年間苦労をかけっ放しのまま、2023（令和5）年10月12日、享年78歳の生涯を終えて無言で旅立った。

【著者紹介】

黒木　貞彦（くろき・さだひこ）世直シ作家・税理士

1942年生まれ、1967年広島大学政経学部を卒業。1968年税理士試験に合格し、1970年株式会社黒木会計を創業する。1972年宅地建物取引士試験合格。2002年税理士法人黒木会計を設立し、相続対策指導を重点的に行い、ノウハウを蓄積する。鈴峯女子短期大学講師、広島経済大学講師、広島文化学園大学客員教授（2009年10月から2019年9月まで）を歴任。租税訴訟学会会員。また、日本各地で講演会の講師として活躍中。現在、黒木会計会長、妙合株式会社社長を務める。

論文
「給与所得の必要経費控除について」（日税奨励賞を受賞）、他100本以上。

著書
「黒木貞彦著書一覧表」のとおり

税理士法人　黒木会計（会長）　　　黒木会計グループ
　　　　　　　　　　　　　　　　　妙合株式会社（社長）

連絡先　〒732-0064　広島県広島市東区牛田南1-8-39
　　　　税理士　黒木貞彦　FAX　082-554-1201

２％にする消費税法改正案

2024年9月1日　初版発行　　　　　　　　　　　　　　　　　　Ⓒ 2024

　　　　　　　　　　　　　　　　著　者　黒　木　貞　彦
　　　　　　　　　　　　　　　　発行人　今　井　　　修
　　　　　　　　　　　　　　　　印　刷　亜細亜印刷株式会社
　　　　　　　　　　　　　　　　発行所　プラチナ出版株式会社
　　　　　　　　　　　　　　　　〒104-0031　東京都中央区京橋3丁目9－7
　　　　　　　　　　　　　　　　　　　　　京橋鈴木ビル7Ｆ
　　　　　　　　　　　　　　　　　　ＴＥＬ　03－3561－0200
　　　　　　　　　　　　　　　　　　ＦＡＸ　03－6264－4644
　　　　　　　　　　　　　　　　　　http://www.platinum-pub.co.jp

落丁・乱丁はお取替え致します。
ISBN978-4-909357-97-7